As 5 marcas de
uma família saudável

As 5 marcas de uma família saudável

O segredo para a harmonia do lar

GARY CHAPMAN
com DEREK CHAPMAN

Traduzido por Marisa Lopes

Copyright © 1997, 2008, 2023 por Gary D. Chapman
Publicado originalmente por Northfield Publishing, Chicago, Illinois, EUA.

Os textos bíblicos foram extraídos da *Nova Versão Transformadora* (NVT), da Tyndale House Foundation, salvo indicação específica.

Todos os direitos reservados e protegidos pela Lei 9.610, de 19/02/1998.

É expressamente proibida a reprodução total ou parcial deste livro, por quaisquer meios (eletrônicos, mecânicos, fotográficos, gravação e outros), sem prévia autorização, por escrito, da editora.

Edição
Daniel Faria

Revisão
Ana Luiza Ferreira

Produção
Felipe Marques

Diagramação
Gabrielli Casseta

Colaboração
Guilherme H. Lorenzetti

Capa
Jonatas Belan

CIP-Brasil. Catalogação na publicação
Sindicato Nacional dos Editores de Livros, RJ

C432c

   Chapman, Gary D., 1938-
   As 5 marcas de uma família saudável : o segredo para a harmonia no lar / Gary Chapman, Derek Chapman ; tradução Marisa Lopes. - 1. ed. - São Paulo : Mundo Cristão, 2025.
   208 p.

   Tradução de: 5 traits of a healthy family
   ISBN 978-65-5988-418-6

   1. Famílias - Aspectos psicológicos. 2. Comunicação nas famílias. I. Chapman, Derek. II. Lopes, Marisa. III. Título.

25-96119
                                  CDD: 306.85
                                  CDU: 316.812

Gabriela Faray Ferreira Lopes - Bibliotecária - CRB-7/6643

Categoria: Família
1ª edição: março de 2025

Publicado no Brasil com todos os direitos reservados por:

Editora Mundo Cristão
Rua Antônio Carlos Tacconi, 69
São Paulo, SP, Brasil
CEP 04810-020
Telefone: (11) 2127-4147
www.mundocristao.com.br

Dedico este livro a Karolyn e Shelley.

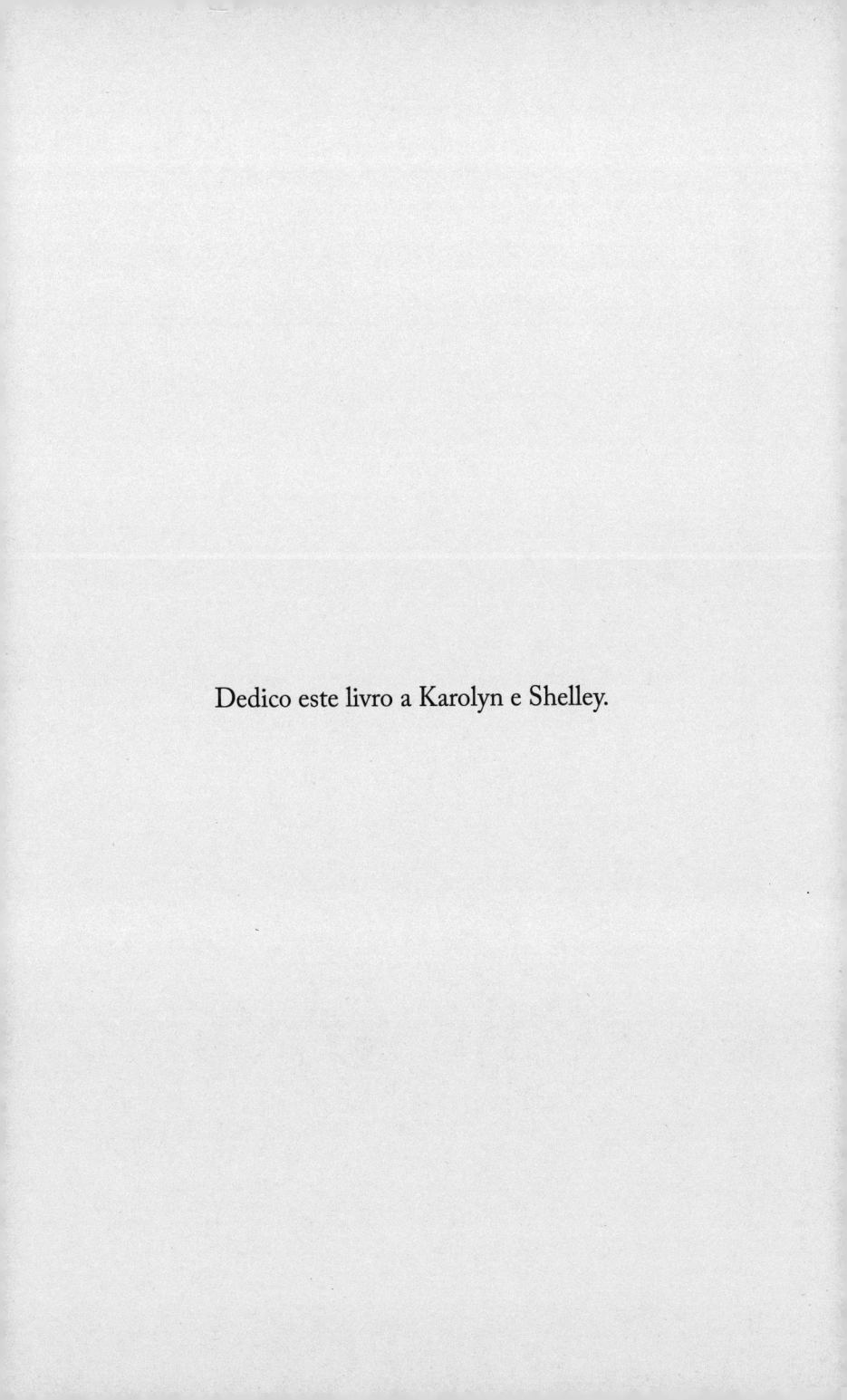

Sumário

Introdução 9
Prólogo: Um estranho no ninho 11

Parte 1 - Famílias que servem
1. Da dor ao prazer: uma jornada pessoal ... 19
2. Como as famílias servem 24

Parte 2 - Maridos e esposas que se relacionam intimamente
3. Nosso anseio por proximidade 39
4. Cinco passos para a intimidade 51

Parte 3 - Pais que guiam
5. Falar, fazer, amar 71
6. O desafio do ensino criativo 81
7. O desafio do treinamento consistente ... 100

Parte 4 - Filhos que obedecem aos pais e os honram
8. Por que a obediência é importante 121
9. O dom de honrar 139

Parte 5 - Maridos que amam e lideram
10. O significado de "liderar" 149
11. O que os pais fazem por suas famílias ... 165
12. Somente para esposas: a bela arte de encorajar ... 180

Epílogo	197
Uma palavra de Shelley e Derek	200
Agradecimentos	203
Notas	204
Sobre o autor	207

Introdução

Eu atuo na área voltada para famílias há mais de 45 anos. Não apenas a minha própria, mas milhares de outras passaram pelas portas do meu escritório e expressaram as alegrias e os dissabores de toda família. Poucas coisas na vida têm tanto potencial para nos trazer felicidade quanto os relacionamentos familiares. Em compensação, poucas coisas podem nos trazer tanta dor quanto relacionamentos familiares feridos. Ouvi literalmente milhares de mulheres e homens compartilharem o anseio do seu coração pela família com que sempre sonharam.

Mas como podemos alcançar esse anseio do nosso coração, especialmente na cultura de hoje?

Nos últimos anos, tenho me conscientizado cada vez mais de que, nos dias em que vivemos, muitos não têm uma imagem clara do que seja uma família saudável. Eles conhecem a dor e os problemas de uma família disfuncional, mas não sabem como se parece uma família saudável. Portanto, senti-me compelido a escrever este livro.

Dizer que, na cultura ocidental, a família está com problemas é um eufemismo. É mais realista dizer que a família perdeu o rumo. Em nossa época, a própria definição de "família" foi desafiada, da mesma forma que também foi desafiada a noção de família — composta por marido, esposa e, geralmente, filhos — como o alicerce fundamental da sociedade.

A família foi bombardeada por influências que vão desde o fascínio pelo "maior, melhor, mais" até a ênfase que a nossa cultura dedica à felicidade pessoal acima de tudo. Hoje em dia, os jovens que constituem famílias muitas vezes não têm modelos de relacionamentos saudáveis.

Eu estudo a família há mais de quarenta anos; comecei como estudante de antropologia com foco especial na estrutura familiar. Estou há mais de 45 anos nesse ramo de ajudar profissionalmente pessoas com problemas no casamento e na família. Eu e minha esposa, Karolyn, criamos um filho, Derek, e uma filha, Shelley; ambos já cresceram e constituíram suas próprias famílias. A influência e as percepções de ambos enriqueceram imensamente este livro.

Cheguei à conclusão de que há cinco elementos essenciais para construir uma família saudável; por isso, vocês verão que este livro foi dividido em cinco seções que exploram cada um desses elementos. O que acontece com sua família afetará a sociedade para melhor ou para pior. Juntos nos levantamos e juntos caímos. Espero que essas marcas de uma família saudável sejam úteis para vocês.

GARY CHAPMAN

Prólogo:
Um estranho no ninho

Há alguns anos, um jovem recém-formado na faculdade e que era professor em uma escola secundária local se aproximou de mim com uma pergunta chocante: "Você e sua esposa me permitiriam morar com vocês por um ano e observar sua família em ação?". Ele disse que tinha crescido em uma família disfuncional e, na faculdade, tinha encontrado certa dose de cura, por meio de um grupo cristão que atuava no campus da universidade. No entanto, o rapaz não tinha ideia de como eram um casamento e uma família saudáveis. Tinha lido alguns livros sobre vida em família, mas queria ver uma família saudável em ação, ao vivo e em cores. Nós o integraríamos em nossa família, pelo período de um ano, e lhe daríamos essa experiência?

Para dizer o mínimo, fiquei surpreso com a ideia. Não era um pedido que eu já tivesse recebido antes nem receberia depois disso. Respondi como todo conselheiro sábio e maduro faria: "Deixe-me pensar a respeito". Minha primeira reação interna e emocional foi: "Isso nunca vai dar certo". Na época, morávamos em uma casa pequena, de três quartos e dois banheiros. Tínhamos dois filhos pequenos — todos os quartos estavam ocupados e já estávamos disputando entre nós para usar os banheiros. Como poderíamos trazer um estranho, especialmente um adulto? Minha segunda reação foi me perguntar: "Como isso afetaria nossa família?". Um estranho nos observando e analisando o que fazemos e como nos relacionamos uns com os outros. Não começaríamos a "representar para uma plateia"? Não nos tornaríamos um faz de conta?

Na antropologia, eu já tinha participado de excursões de campo o suficiente para saber que a presença de um antropólogo, que se muda para uma aldeia tribal para estudar a cultura, na verdade, afeta essa cultura (embora você não leia muito a respeito disso nos relatórios dos antropólogos). De início, sua presença é a novidade da década ou o acontecimento de uma vida. "Essa pessoa chegou na aldeia fazendo sons e movimentos estranhos. Obviamente não é um de nós. Por que ele está aqui? Devemos comê-lo e agradecer aos deuses por nos trazer alimento fácil? Ou devemos tratá-lo bem e ver se ele sabe de novos locais onde a caça seja abundante?"

Ora, ali estava um jovem pedindo para se mudar para a nossa aldeia e nos observar. Bem, pelo menos ele falava minha língua e revelou seu propósito. Eu certamente tinha uma vantagem sobre os moradores das aldeias, que às vezes levam meses para descobrir por que aquela pessoa estranha, que faz perguntas tão tolas e anotações esquisitas em cartões brancos, veio morar em sua aldeia.

"Temos algo que valha a pena compartilhar?"

Por fazer parte de uma família amorosa, conversei sobre esse pedido estranho com minha esposa e meus dois filhos. E você nem imagina o que aconteceu: eles gostaram da ideia. Shelley e Derek acharam que seria ótimo ter um irmão mais velho, e Karolyn, que sempre gosta do tipo de coisas "não tão comuns", achou que seria um bom experimento.

— Quem sabe isso ajude esse jovem pelo resto da vida? E

talvez compartilhar um pouco da nossa família seja bom para nós. Não ensinamos sempre às crianças que "É mais abençoado dar do que receber"? — (Nunca gostei da maneira como ela pega os nobres princípios que ensinamos às crianças e os aplica à minha vida.)

— Mas o que faremos com relação ao quarto? — perguntei.

— Construiremos uma parede no porão, e faremos um quarto e um closet. Não passa de um espaço aberto e mal aproveitado mesmo, não tem problema.

As crianças sugeriram que ele poderia dividir o banheiro com elas. Para elas era fácil dizer isso, pois já usavam nosso banheiro a metade do tempo. Eu já podia até ver o que aconteceria: nós quatro usaríamos um banheiro, enquanto o estranho usaria o outro. (Por que estou tão inclinado a acreditar no pior?)

Perguntei a mim mesmo: "Temos algo que valha a pena compartilhar?". Lembrei-me das palavras de Edith Schaeffer, especialista em família: "Se realmente devemos compartilhar uma família, então precisa haver algo a se compartilhar".[1] Em outras palavras, antes que vocês possam trazer outra pessoa para o seio de sua família, devem primeiro ser uma família funcional. Eu poderia dizer com toda honestidade que acreditava que tínhamos uma família bem saudável. Não éramos perfeitos. Passamos por muitas lutas, especialmente quando Karolyn e eu nos casamos, antes de os filhos nascerem. Mas aprendemos muito com essas lutas e agora estávamos colhendo o fruto desse trabalho árduo. Sim, nós tínhamos algo para passar adiante.

"Acolhido por sua família"

Então, topamos a experiência. Construímos a parede ao longo de uma extremidade do porão, criamos um quarto e instalamos portas de correr em uma das extremidades do cômodo, criando um *closet*. Em seguida, abrimos um orifício na tubulação de metal e inserimos uma saída de ar quente e frio, e trouxemos uma cama e uma mesa de cabeceira usadas do sótão da minha mãe. Então, John se mudou.

Todos concordamos que John seria parte da nossa família pelo próximo ano, e que tentaríamos ser o mais "normais" possível. John viu tudo, ouviu tudo, foi parte de tudo. Anos depois, ele escreveu:

> Olhando em retrospectiva para essa experiência, tenho muitas lembranças agradáveis. Lembro-me de passar por Shelley, no início da manhã, enquanto ela praticava piano. Lembro-me de lavar a louça e perceber, pela primeira vez, o quanto eu era lento e intencional. O engraçado é que sempre que Karolyn queria que as coisas fossem feitas rápido, ela fazia e terminava em cinco minutos, enquanto eu demorava vinte minutos, já que eu era muito perfeccionista. Lembro-me das imagens cálidas de estar em torno da mesa de jantar e simplesmente ser acolhido pela família de uma forma muito satisfatória e amorosa. Lembro-me da alegria das sextas-feiras quando, depois do jantar, estudantes universitários vinham para participar de discussões. Essas noites eram ótimas. As memórias que ficam são de estar em sua casa e fazer parte daquele ambiente confortável, saudável e positivo. Praticamente todas as outras experiências em família na minha vida antes dessa foram disfuncionais. Depois dessa, eu me transformei cada vez mais no que considero uma pessoa razoavelmente responsável e saudável.

Quero tentar comunicar a você, por escrito, o mesmo que buscamos transmitir para John, por meio dessa experiência de vida. Tentarei ser vívido o bastante para que você possa sentir alguns dos aromas e algumas das emoções que todos nós experimentamos. Também ilustrarei alguns desses princípios por meio da vida de muitas outras famílias, que foram suficientemente generosas para discutir suas experiências comigo ao longo dos anos. Espero que os poemas de Derek ajudem você a mergulhar nessa aventura. Aqui estão as reflexões dele sobre um estranho em nosso ninho:

Os olhos de um estranho estão sobre nós,
Olhando para nós e através de nós,
Conforme a luz da manhã atravessa
As janelas e ilumina a mesa do café da manhã.
Fazemos uma pausa para a oração —
Seus olhos continuam abertos, observando,
Para ver se isso é real — essa
Família curvada, dando graças por outra refeição.

PARTE 1

FAMÍLIAS QUE SERVEM

1

Da dor ao prazer: uma jornada pessoal

O que John descobriria em nossa família? Eu esperava que ele observasse pessoas que se importavam em servir — tanto umas às outras quanto a pessoas de fora.

Esse foi o primeiro passo, dado anos antes, para transformar nosso casamento de algo decadente em um relacionamento próspero. Entrei no casamento com a ideia de que minha esposa me faria extremamente feliz, que ela satisfaria meus anseios mais profundos por companheirismo e amor. Com toda certeza, eu também pretendia fazê-la feliz, mas a maioria dos meus sonhos se concentrava no quanto eu seria feliz quando nos casássemos.

Seis meses depois de casar, eu estava mais infeliz do que já estivera em 23 anos de vida. Antes do casamento, eu sonhava com o quanto seria feliz — agora, meu sonho tinha se transformado em pesadelo. Descobri todo tipo de coisa que eu não sabia antes de nos casarmos. Nos meses antes de nos casarmos, eu sonhava sobre como seriam as noites em nosso apartamento. Eu podia visualizar nós dois sentados em nosso pequeno apartamento. Eu estaria estudando em minha escrivaninha (na época, cursava a pós-graduação), e ela estaria sentada no sofá. Quando eu me cansasse de estudar, eu levantaria o olhar, nossos olhos se encontrariam, e sentiríamos uma vibração calorosa entre nós. Depois que nos casamos, descobri que minha esposa não queria ficar sentada no sofá me vendo estudar. Se eu fosse estudar, ela preferiria descer e visitar pessoas que moravam no condomínio, fazer novos amigos e usar seu tempo se socializando. Eu ficava sentado sozinho em nosso pequeno apartamento, pensando: "Já era assim antes de nos casarmos"; a única diferença era que eu vivia em um dormitório, muito mais barato do que esse lugar. Em vez de vibrações calorosas, eu sentia a dor da solidão.

Antes de casar, eu sonhava que toda noite, por volta das 22h30, nós iríamos deitar juntos. Ah — ir para a cama com minha mulher toda noite, às 22h30. Que prazer! Depois que nos casamos, descobri que nunca passou pela cabeça dela ir para a cama com *ninguém* às 22h30, toda noite. O ideal para ela era voltar das visitas por volta das 22h30 e ler um livro até a meia-noite. E eu ficava pensando comigo: "Por que você não leu seu livro enquanto eu lia o meu?". Então, poderíamos deitar juntos.

Antes de nos casarmos, eu pensava que toda manhã, quando o sol nascesse, todo o mundo se levantaria. Depois que nos casamos, descobri que minha esposa não curtia as manhãs. Não demorou muito para eu não gostar dela, e para ela não gostar de mim. Conseguimos a façanha de nos sentir completamente infelizes. Com o tempo, nós dois começamos a nos perguntar por que havíamos nos casado. Parecíamos discordar em tudo. Éramos diferentes em todos os sentidos. A distância entre nós aumentava, e nossas diferenças se tornaram motivo de desentendimento. O sonho se foi, e a dor era intensa.

Transformando guerra em paz

Nossa primeira abordagem foi um esforço no sentido da aniquilação mútua. Eu deliberadamente apontava as falhas dela, e ela, as minhas. E conseguíamos ferir um ao outro o tempo todo. Eu sabia que o que eu pensava tinha lógica e que, se ela me ouvisse, poderíamos ter um bom casamento. Ela percebeu que minhas ideias estavam fora de sintonia com a realidade e que, se eu a ouvisse, poderíamos encontrar um ponto de contato. Nós dois nos tornamos pregadores sem público. Nossos sermões caíam em ouvidos moucos, e nossa dor se aprofundava.

Não foi do dia para a noite que nosso casamento mudou. Ninguém agitou uma varinha mágica. Nosso casamento começou a mudar ao longo do período de cerca de um ano, vários anos depois que casamos. Comecei a perceber que eu tinha adotado em nosso casamento uma atitude muito presunçosa e egocêntrica. Eu realmente acreditava que, se ela me ouvisse e fizesse o que eu queria, nós dois seríamos felizes; que, se ela me fizesse feliz, eu de alguma forma faria com que isso fosse recíproco. Eu tinha essa ideia de que tudo o que me fizesse feliz automaticamente a faria feliz. Acho difícil admitir, mas passei pouco tempo pensando no bem-estar dela. Meu foco estava na minha própria dor e nas necessidades e desejos não satisfeitos.

Minha busca por uma resposta para nosso doloroso dilema me levou a reexaminar a vida e os ensinamentos de Jesus. As histórias que ouvi quando criança sobre Jesus curando os enfermos, alimentado os faminto e falando com bondade e esperança aos destituídos inundaram minha mente. Agora, como adulto, eu me perguntava se havia ignorado a verdade profunda contida naqueles relatos simples. Com meras 27 horas de estudos acadêmicos da língua grega a me respaldar, decidi que exploraria a vida e os ensinamentos de Jesus nos textos originais. O que descobri poderia ter sido descoberto em uma simples leitura do texto na minha própria língua. A vida e os ensinamentos de Jesus se concentraram no serviço sacrificial aos outros. Ele disse certa vez: "Não vim para ser servido, mas para servir". É um tema que todos os homens e mulheres verdadeiramente grandes do passado afirmaram. O significado maior da vida não se encontra em receber, mas em dar. Esse princípio profundo poderia fazer uma diferença significativa no meu casamento? Era algo que eu estava determinado a descobrir.

Menos pregação e mais ação

Como uma esposa reagiria a um marido que sinceramente buscasse servi-la? Que buscasse descobrir suas necessidades e seus desejos para satisfazê-los? Com calma e pouco a pouco, comecei a fazer algumas das coisas que ela havia pedido no passado. A essa altura, estávamos muito distantes para falar sobre nosso relacionamento, mas eu podia optar por agir e fazer algo a respeito de algumas de suas reclamações anteriores. Comecei a lavar a louça sem que ela me pedisse. E me ofereci para dobrar a roupa lavada. Parecia-me que esse era o tipo de coisa que Jesus poderia ter feito, se tivesse sido casado. Quando ela fazia pedidos específicos, eu estava determinado a responder com boa vontade e, se possível, fazer o que fora solicitado. Em menos de três meses, a atitude de Karolyn em relação a mim começou a mudar. Ela saiu da concha para a qual se retraíra e começou a conversar novamente. Acho que ela sentiu que meus dias de pregador haviam acabado e que minha atitude em relação à vida estava mudando.

No devido tempo, ela começou a fazer pequenas coisas que eu havia pedido no passado. Ela segurava minha mão, quando caminhávamos em público; sorria, quando eu tentava fazer alguma piada; me tocava, quando passava pela minha escrivaninha. Em pouco tempo, nossa hostilidade se foi, e começamos a ter sentimentos positivos um pelo outro. Lembro-me do primeiro dia em que pensei: "Talvez eu possa amá-la de novo". Por meses, eu não tivera nenhum sentimento de amor, apenas dor, mágoa, raiva, hostilidade. Agora, tudo isso parecia ter desaparecido e sido substituído por sentimentos calorosos. Eu me peguei pensando que não me importaria nem um pouco de tocá-la novamente, se achasse que ela me deixaria fazer isso. Eu não estava prestes a pedir a ela, mas pensei: "Eu não me importaria, se ela não se importasse". Antes de a primavera chegar, esse pensamento se tornou realidade. Sentimentos românticos renasceram e a intimidade sexual, que antes parecia tão distante, tornou-se realidade. Tínhamos completado o ciclo. Não éramos mais inimigos pregando um para o outro; nos tornamos sensíveis aos desejos um do outro. Nossas atitudes mudaram para servir, em vez de exigir. E estávamos colhendo o fruto da intimidade.

Tudo isso aconteceu no que agora nos parecia um passado distante. Hoje, aqui estamos nós, com dois filhos e um estranho. Tínhamos procurado ensinar aos nossos filhos o que acreditávamos ser um dos ingredientes mais importantes para uma família saudável: uma atitude de serviço. John perceberia isso? Era algo que poderia ser descoberto pela observação? Eu sinceramente esperava que sim.

2

Como as famílias servem

Quando comecei a ministrar cursos sobre casamento e família, usávamos um formato que ia de sexta à noite a sábado. Eu pedia aos casais que trouxessem um lanche aos sábados. E costumava perguntar, no final da sessão de sexta à noite: "Quem gostaria de trazer almoço para mim amanhã?". Na mesma hora, três ou quatro mãos se levantavam.

Por que essas pessoas se voluntariavam, de forma livre e espontânea, para trazer almoço a um estranho? Provavelmente, elas aprenderam essa atitude de serviço quando crianças. São pessoas ávidas em servir e sentem satisfação em ajudar os outros. Em uma família amorosa, essa atitude de serviço irá permear todos os seus membros. Eles servirão uns aos outros e também servirão pessoas de fora da estrutura familiar.

Bill Bennett, crítico cultural e autor de sucesso, lista o "trabalho" como uma das dez principais virtudes.[2] E a Bíblia está repleta de ensinamentos e exemplos de diligência e esforço — só o livro de Provérbios tem dezenas de versículos que falam sobre o trabalho (e a preguiça). A maioria dos historiadores concorda que a cultura ocidental foi construída sobre a ética do trabalho. O trabalho é definido como o esforço físico e mental empregado para a realização de algum objetivo que seja merecedor desse empenho. E o trabalho começa em casa.

Alguém pode tirar o lixo?

Na família, há muito trabalho que precisa ser feito. As roupas devem ser lavadas, dobradas e, talvez, até passadas. As camas precisam ser arrumadas, a comida precisa ser preparada ou comprada e servida (será que alguém ainda cozinha?). Há lixo para juntar, pisos para serem aspirados, varridos ou esfregados. Carros precisam ter o óleo trocado, contas precisam ser pagas, a bagunça precisa ser limpa, animais de estimação precisam de cuidados. Mesmo com os quintais menores de hoje em dia, alguém ainda precisa cortar a grama, juntar as folhas secas ou aparar os arbustos.

E a lista continua. O trabalho parece não ter fim. Podemos não ter tanto trabalho hoje quanto no passado, e muitas pessoas contratam ajudantes, mas ainda assim há muito trabalho para se repartir. Com a maioria dos maridos e mais de 50% das esposas trabalhando fora de casa, pais e mães têm um tempo limitado para fazer tudo que precisa ser feito.

Quem fará esse trabalho todo? Espero que seja a família — toda a família. Qualquer que seja o tamanho de uma família, há trabalho suficiente para distribuir entre todos. "Quanto mais, melhor", diz o velho ditado; em geral, porém, também é verdade que "quanto mais, mais caótico". A chegada de John em nossa família trouxe mais roupas para lavar, mais comida para preparar e assim por diante. Mas também trouxe outro trabalhador para o time.

Se o trabalho é uma virtude tão fundamental, então cada membro da família certamente deveria aprender a trabalhar. Algumas famílias mais dinâmicas negligenciam essa responsabilidade, por acharem mais importante que os filhos pratiquem atividades, como esportes, por exemplo, do que fazer tarefas domésticas. Ou ainda há pais e mães que pensam: "É mais fácil eu mesmo fazer". Mas não estamos fazendo nenhum favor aos nossos filhos quando os deixamos escapar do trabalho. Podemos delegar tarefas adequadas à idade de cada um, bem como lhes dar um treinamento básico sobre como fazer o trabalho. Quando nosso filho, Derek, chegou à idade de poder cortar a grama (que, aliás, é minha fase favorita da criação de filhos), ele sempre queria passar o cortador em vai e vem, por faixas no gramado. Há anos eu cortava a grama em quadrados, começando de fora para dentro até chegar ao meio, o que juntava a grama cortada em um pequeno quadradinho perfeito, bem no meio do gramado — e deixava fácil de juntar e colocar no saco de lixo. Expliquei minha estratégia eficiente para Derek, mas nunca funcionou. Ele desenvolveu uma filosofia diferente — espalhe a grama cortada, e você não precisará juntá-la e colocar no saco de lixo. Seu sistema de vai e vem deixava leves restos de grama cortada no gramado que, em 24 horas, ficavam praticamente invisíveis. Eu lutei comigo mesmo, tentando decidir o que era mais importante: meu método perfeccionista e eficiente de cortar grama ou a criatividade do meu filho — sua individualidade. Optei pela última alternativa. Recusei-me a fazer dele um robô ou um clone, e isso é difícil para um pai perfeccionista.

Talvez você esteja pensando: "Então, há trabalho a fazer, e cada membro da família precisa dividir a carga. O que há de novo nisso?". Ter "uma atitude de serviço" é muito mais do que simplesmente fazer o trabalho. Em uma família saudável, os membros têm a noção de que, quando faço algo em benefício de outros membros da família, estou fazendo algo genuinamente bom. Os indivíduos têm um desejo interno de servir e um senso emocional de satisfação com o trabalho que fazem para os outros. Em uma família altamente funcional,

desenvolve-se o senso de que servir aos outros é uma das vocações mais sublimes na vida.

Uma família saudável tem uma atitude de serviço, tanto de uns para com os outros quanto para com o mundo fora dos muros da família. Leia a biografia de homens e mulheres que levaram vidas de serviço sacrificial aos outros, e descobrirá que a maioria deles cresceu em famílias que nutriam essa ideia de serviço como algo virtuoso.

O escritor Philip Yancey conta que, perto do fim da vida, Albert Einstein tirou os retratos de dois cientistas — Newton e Maxwell — da parede. E os substituiu por retratos de Gandhi e Schweitzer. Einstein explicou que fez isso porque era hora de substituir a imagem do sucesso pela imagem do serviço.[3]

Crianças que querem ajudar, adolescentes que querem servir

Uma atitude de serviço é algo relativamente fácil de ser incentivado na criança em crescimento. À medida que o bebê se torna uma criança pequena, passa a ser um explorador em tempo integral. Com o tempo, o explorador se transforma em construtor e, quando a criança tiver 4 anos, o construtor se torna um ajudante. A ideia de serviço parece ser quase inata. Se a criança tiver permissão para ajudar e for elogiada por isso, ela provavelmente será uma trabalhadora bem-disposta, quando chegar à primeira e à segunda séries. Da terceira à sexta série, a atitude de serviço de uma criança será bastante influenciada pelos exemplos da própria família. Se os pais se referem ao serviço como uma virtude e ajudam a criança a descobrir maneiras de servir aos membros da família, e se a criança receber elogios por tais atos de serviço, ela continuará a encontrar satisfação em servir até a adolescência.

Nos anos maravilhosos que vão dos 13 aos 18, haverá mudanças drásticas. Se o adolescente internalizou uma atitude de serviço, ele ou ela se oferecerão para ajudar de muitas maneiras além do círculo familiar. Na escola e talvez na igreja, esses adolescentes tenderão a ser líderes que servem. Eles passarão tempo considerável ajudando os outros a realizarem coisas. Mas podem não se mostrar tão ávidos para servir em casa. Eles provavelmente passarão mais e mais tempo longe da família e podem até mostrar certa resistência às atividades com a família.

Eles estão vivenciando outro dos grandes anseios da vida — o anseio de serem livres. O objetivo é colocar distância entre os pais e o adolescente, um espaço para crescer rumo à independência. As portas dos quartos ficarão fechadas, em vez de abertas (na verdade, uma ideia maravilhosa para um pai perfeccionista). Eles estarão envolvidos em atividades fora de casa. A opinião dos amigos pode ser mais importante do que a opinião dos pais.

Todo esse distanciamento e essa relutância em continuar com uma atitude de servir em casa frequentemente gera conflitos na família. Mas conflitos não são sintomas de uma doença; como lidamos com conflitos revelará a saúde da família. Em uma família amorosa, conflitos são esperados. Reconhecemos que as pessoas nem sempre pensam e sentem da mesma maneira. Certamente, pais e adolescentes não verão o mundo com os mesmos olhos. Portanto, não devemos nos surpreender quando surgir um conflito.

Famílias saudáveis aprendem a processar os conflitos. Em vez de evitar os problemas, buscamos colocá-los sobre a mesa.

Os adolescentes são encorajados a dar seu ponto de vista, enquanto os pais ouvem. Os pais buscam realmente entender o que o adolescente está sentindo e dizendo. Em contrapartida, o adolescente ouve o ponto de vista dos pais com compreensão. (Isso acontece mesmo em algumas famílias? Sim. Acontece nas famílias em que há um alto nível de segurança.)

Ao contrário do que alguns pensam hoje, os adolescentes realmente querem limites. "Existe alguém que ainda defenda alguma coisa?", perguntou um jovem de 15 anos. "Todo mundo parece aceitar qualquer coisa, dada a situação certa. Gostaria que os adultos nos dessem mais orientação. Eles não aprenderam algo durante a vida que nos ajudaria a evitar algumas armadilhas?" Limites criam demarcações, e demarcações dão uma sensação de segurança. A segurança, por sua vez, cria uma atmosfera onde os adolescentes podem aprender e crescer. Portanto, quando o adolescente chegar ao estágio de busca por liberdade e começar, talvez, a esquecer seu papel de servir na família, os pais devem respeitar seu desejo de ser independente, mas também devem lembrar ao adolescente que as pessoas são sempre interdependentes, e que servir aos outros é uma parte necessária não apenas da vida familiar, mas da vida como um todo.

Adultos e jovens sentem admiração por rapazes e moças que se esforçam para servir aos outros. Alguns anos atrás, quando eu dirigia o ministério de evangelização de universitários da nossa igreja, conheci quatro rapazes que estudavam na Universidade da Carolina do Norte. Eles tinham conseguido empregos de verão em nossa cidade e começaram a participar de algumas de nossas atividades para estudantes universitários. Mais tarde, descobri que todos eles estavam morando em um pequeno apartamento, com o objetivo de economizar o máximo de dinheiro possível durante o verão. Estavam participando das atividades havia apenas algumas semanas, quando os quatro se aproximaram de mim e um deles, que era mais falante, me disse que eles tinham decidido "se juntar" à nossa igreja durante o verão, e queriam oferecer seus serviços. Eles ficariam felizes em servir em qualquer função que eu pudesse sugerir. Presumindo que eles fossem como muitos estudantes universitários daquela época, que sempre estavam pensando no currículo, pensei que estavam se voluntariando para cargos de liderança em nossos programas de verão. Afinal, o título de "Diretor Voluntário" do programa Construindo Pontes para a Juventude certamente impressionaria um futuro empregador.

Expressei meu apreço pelo espírito voluntário deles, mas informei que havíamos tido de planejar nossos programas de verão no inverno, e todos os postos de liderança voluntária já estavam ocupados. O simpático porta-voz deles respondeu na mesma hora:

— Não, não. Não estamos interessados em posições de liderança. Estamos falando sobre servir.

— Vocês pode me dar alguns exemplos do que têm em mente? — perguntei.

Sem hesitar, ele respondeu:

— Estávamos pensando que talvez você pudesse querer alguém para lavar a louça, depois do jantar de quarta-feira à noite, ou talvez limpar o fogão ou o chão. Qualquer coisa assim — ele disse. — Só queremos servir.

— Ah, bem, nesse caso, acho que temos muitas vagas — eu disse.

Durante todo aquele verão, eles não apenas lavaram louça e limparam o fogão e o chão, mas também lavaram o ônibus, apararam a grama e limparam banheiros. As pessoas que

estavam trabalhando em nossa igreja naquele verão jamais se esqueceram "dos meninos da Carolina". Na verdade, sua "atitude de serviço" afetou todo o rumo do nosso ministério universitário a partir daquele verão.

Nem todo serviço será voltado para pessoas. Por exemplo, muitos jovens adoram ajudar os animais. Elizabeth, uma estudante do ensino fundamental, me contou sobre sua paixão por ajudar animais com problemas. Eu a conheci à beira de um lago comunitário, colocando uma tala na perna de um pato. O pato tinha sido atropelado por um carro que passava, e Elizabeth viera socorrê-lo. Todos nós ficamos impressionados e encorajados por jovens que "adotam" um trecho da rodovia ou se envolvem em esforços para aliviar a pobreza na África. Esses jovens geralmente aprenderam sua atitude de serviço com sua família.

Como os adultos servem

A independência da vida adulta é frequentemente o solo no qual cresce o serviço genuíno aos outros. Adultos escolhem ter filhos, sabendo que essa escolha significa 24 meses trocando fraldas, cinco anos dando banho, dois anos amamentando ou dando mamadeiras, além de dar comida na boca com colher, colocar uns 308 Band-Aids (no caso de algumas crianças, será no mínimo essa quantidade por ano), comparecer pelo menos a uns 220 jogos de futebol, preparar inúmeras refeições, economizar para pagar mensalidades da faculdade, e mil e outros atos de serviço. No entanto, escolhemos — sim, escolhemos por livre e espontânea vontade — ter filhos. E alguns casais muitas vezes escolhem adotar uma criança a quem outra pessoa não consegue servir.

Servir aos outros é o ponto mais alto que a humanidade já alcançou. A maioria das pessoas que estudou de perto a vida de Jesus concorda que ele estava no ponto máximo da grandeza, quando pegou uma bacia e uma toalha e realizou o ato humilde de lavar os pés de seus discípulos. Ele dissipou todas as dúvidas quanto à sua intenção, quando disse: "E uma vez que eu, seu Senhor e Mestre, lavei seus pés, vocês devem lavar os pés uns dos outros. Eu lhes dei um exemplo a ser seguido. Façam como eu fiz a vocês. [...] Agora que vocês sabem estas coisas, serão felizes se as praticarem." (João 13.14-15,17). Em outra ocasião, Jesus disse a seus seguidores que "quem quiser ser o líder entre vocês, que seja servo" (Mateus 20.26).

É um grande paradoxo — o caminho para se exaltar é se humilhar. A verdadeira grandeza é expressa em servir, não em dominar. Nenhum pai ou nenhuma mãe desafia seus filhos a serem como Hitler, ao passo que milhares continuam a desafiar os filhos a serem como Jesus. O serviço é um sinal de grandeza.

O que John, nosso antropólogo residente, observou em nossa família? Ele viu Karolyn, que definitivamente não é uma pessoa matutina, acordando cedo cinco dias por semana e preparando o café da manhã para a família. Esse sacrifício matinal não nasceu de imposição. Não foi algo que eu exigisse, nem mesmo que esperasse, embora eu descaradamente apreciasse. Quando Shelley, nossa primogênita, chegou à idade escolar, Karolyn apareceu com essa ideia de que as crianças precisavam tomar um café da manhã quente antes de ir para a escola, e que essa seria uma de suas maneiras de servir à família. Ela viu isso como um meio de expressar gratidão a Deus pela dádiva dos filhos. Na minha opinião, foi uma forma nobre de expressar sua atitude de serviço.

Em doze anos, Shelley foi para a faculdade, assim que Derek entrou no ensino médio. O café da manhã quente continuou por mais quatro anos, até o dia em que Derek se despediu e saiu de casa, para ampliar a mente com filosofia, inglês e estudos religiosos. E assim se encerrou uma era, tão silenciosamente quanto havia começado, dezesseis anos antes. Voltei para o meu cereal com leite gelado e banana, o que na época era muito melhor para mim. Mesmo agora, quando nossos filhos voltam para casa, nas folgas de suas atividades adultas, falam sobre aqueles cafés da manhã quentes e que lembrança agradável eles são. Essa lembrança é preservada uma vez por ano, quando, na manhã de Natal, Karolyn vai novamente para a cozinha e repete aquele antigo ritual de serviço.

Que efeito tudo isso teve em John? Veja o que ele disse anos depois:

> Acho que, naquela época, não apreciei tanto quanto aprecio agora, por ser mais velho e ter um senso mais aguçado do que é sacrifício na família; mas do que experimentei pessoalmente, vocês fizeram de mim parte da família. Não me sentia como um hóspede. Não me sentia como alguém em que só pensavam num segundo momento ou um apêndice. Sentia que era parte da família. Eu admirava você e Karolyn quase de uma forma paternal e maternal. Sentia que era um irmão mais velho para Shelley e Derek. Em sentido mais amplo, houve uma atitude de sacrifício em vocês me permitirem entrar para sua família. Por ser uma intromissão, gera uma dinâmica diferente na casa. Eu não tinha noção do custo disso naquela época. Sempre sentia que você e Karolyn tinham tempo para mim toda vez que eu queria conversar sobre qualquer coisa. Vocês dois eram extremamente

ocupados e ativos, mas sempre senti que eu tinha livre acesso e nunca senti que era uma imposição de minha parte eu passar tempo conversando com vocês. Lembro-me do Natal, de Shelley e Derek me dando um presente, e isso foi muito legal. Vi a família servindo uns aos outros.

Em uma família saudável, essa atitude de dar valor a ajudar aos outros é como o óleo que lubrifica as engrenagens da vida familiar. Sem ele, as engrenagens param, e a vida familiar fica estagnada. Com ele, a família floresce. Derek capta algo desse clima que é criado pelos atos de serviço.

O serviço de amor

Nesta manhã, em minha memória,
ouço a melodia dos sinos de vento pendurados
na porta do quarto deles.
Algo canta, antes de acordarmos —
É o céu da Carolina irrompendo
pela minha janela. Lá fora,
os cães e os esquilos abrem
os olhos da manhã.
Meio acordado, ouço
a voz distante da minha mãe
fazendo o milagre do bacon, pãezinhos;
os aromas do dia
chamam da cozinha.
As palmas macias do meu pai já
folheiam páginas, à procura da verdade
para o café da manhã de hoje,
A irmã dedilhando as escalas de Chopin
no coração adormecido do irmão.

E o estrondoso clarão da mãe
elevando a melodia de bacon a fritar,
ovos mexidos, pãezinhos crescendo
para um novo tom —
a dor de acordar cedo para alimentar
bocas entreabertas, alimentar
corações ainda entreabertos para, pouco a pouco,
através de uma manhã singela e dolorosa,
despertar dons em nós, invocar em nós
este coro imperecível.

PARTE 2

MARIDOS E ESPOSAS QUE SE RELACIONAM INTIMAMENTE

3

Nosso anseio por proximidade

Quando dissemos "sim" e assinamos nossos nomes na linha pontilhada, assim fizemos porque queríamos unir nossas vidas em um sonho comum de felicidade. Pretendíamos manter o relacionamento sincero e zeloso que nasceu da nossa experiência de namoro. Em suma, o que esperávamos era *intimidade*. No entanto, para muitos casais, quando a euforia emocional da obsessão de se sentir "apaixonado" desaparece, a intimidade se torna algo ilusório. Muitos até descobrem que têm ideias diferentes sobre o que é intimidade.

Certa vez, eu tinha quase terminado a segunda sessão de aconselhamento com um casal, quando o marido olhou para mim e disse: "Se pudéssemos solucionar nossa vida sexual, tudo ficaria bem; mas, quando não fazemos sexo, sinto que ela não se importa comigo, e não posso continuar assim para sempre". Pronto, ele falou. A questão estava sobre a mesa. Eu sabia que ele se sentia aliviado. Como conselheiro, senti-me encorajado por ele estar expressando abertamente sua necessidade de intimidade sexual.

Em ambas as sessões, sua esposa tinha dito coisas como: "Nós nunca mais fazemos nada juntos; ele está sempre fora. Costumávamos fazer coisas juntos. Nossa comunicação agora é quase inexistente. Nós nunca conversamos. Ele não entende meus sentimentos. Quando tento compartilhar minhas lutas, ele me dá uma resposta rápida e sai da sala". Ela estava clamando por intimidade emocional.

O fato de eles estarem no meu consultório indicava que estavam intensamente preocupados com o casamento. Eles sabiam que as coisas não andavam bem. Na realidade, ambos queriam intimidade, mas estavam se concentrando em diferentes aspectos da intimidade: ele, na intimidade física, e ela, na intimidade emocional. Essas diferenças não são incomuns. A tragédia é que muitos casais passaram anos condenando um ao outro por não proporcionar a intimidade que tanto desejam, e falharam em aprender como criar tal intimidade. Esta seção foi elaborada para ajudar você a entender a extrema importância da intimidade conjugal e para lhe mostrar maneiras práticas de alcançá-la.

"Osso dos meus ossos"

O vocábulo "intimidade" vem da palavra latina *intimus*, que significa "interior". Assim, a intimidade implica duas pessoas abrirem seu eu interior uma para a outra. Significa entrarem na vida uma da outra em sentido emocional, intelectual, social, físico e espiritual. Significa conectarem-se no nível mais profundo possível em todas as áreas da vida. A intimidade é acompanhada por um senso de amor e confiança. Acreditamos que a outra pessoa tem sempre em mente o que é melhor para nós; assim, podemos nos abrir sem medo de que seja usado contra nós aquilo que estamos contando ou permitindo que ela veja.

Esse desejo por intimidade entre um homem e uma mulher é algo tão antigo quanto a raça humana. O livro de Gênesis mostra Deus criando a mulher a partir de uma porção da costela do homem. Quando o homem acordou de um sono profundo e viu a mulher que Deus havia criado, ele disse: "Esta é osso dos meus ossos, e carne da minha carne! Será chamada 'mulher', porque foi tirada do 'homem'" (Gênesis 2.23). E lá estava ela — outra pessoa como ele, mas com diferenças singulares, mais parecida com ele do que qualquer ser que ele já tinha visto e, ainda assim, obviamente diferente; separada dele e, contudo, relacionada a ele. Algo bem fundo dentro dele reagiu a algo bem fundo dentro dela. Não era um encontro superficial. Era algo profundo reagindo a outro algo profundo. Era o coração da humanidade respondendo a outro coração humano, e esse outro coração estava mais próximo dele do que todo o restante no universo.

Essas duas realidades, ou seja, semelhança e diferença, são a matéria-prima da intimidade humana. Sem as duas, não poderia haver intimidade. Homens e mulheres são indivíduos distintos mas, ainda assim, estão física, emocional, intelectual e espiritualmente relacionados um ao outro. Há algo no homem que clama pela mulher e algo dentro da mulher que anseia pela companhia do homem. Negar nossas semelhanças é negar nossa humanidade básica. Negar nossas diferenças é um esforço inútil para refutar a realidade. Em um casamento saudável, a temática nunca é competição, mas sim cooperação. Encontramos um no outro um lugar de descanso, um lar, um parente, alguém com quem estamos relacionados de forma profunda e única.

A intimidade sexual é um aspecto da unidade. No entanto, as áreas emocional, intelectual e espiritual da vida não podem ser separadas do físico. Esse foi o erro do casal sentado em meu consultório — ele queria intimidade sexual, ela implorava por proximidade emocional, mas nenhum dos dois reconheceu que estavam pedindo a mesma coisa. Eles queriam se sentir próximos um do outro, queriam se sentir aceitos, amados. O foco deles estava voltado para diferentes aspectos da mesma realidade.

Em um casamento saudável, o casal vem a entender que seu desejo por intimidade faz parte de quem eles são. É, primeiramente, uma das razões pelas quais eles se casaram. A maioria dos casais é capaz de se lembrar de um período em seu relacionamento em que diziam estar "apaixonados". Eles experimentavam uma profunda sensação de proximidade. Tudo começou com uma atração física e emocional um pelo outro que eu chamo de "ardor". É esse ardor que nos motiva a namorar. Todo o propósito do fenômeno do namoro é "conhecer um ao outro", o que simplesmente é outra forma de se referir à intimidade. Quando o "estágio apaixonado" chega a seu pleno desenvolvimento, temos um senso de mútuo pertencimento. Sentimos que, de alguma forma, fomos feitos um para o outro. Temos uma disposição de sermos abertos e honestos, de contar nossos segredos mais profundos. Sentimos no fundo do coração que nos amaremos para sempre, que queremos a felicidade um do outro acima de tudo e que a nossa própria felicidade depende de estar com essa pessoa para sempre. É esse profundo senso de intimidade que nos dá a coragem para assumirmos um compromisso vitalício com o casamento. (A experiência do "estágio apaixonado" é discutida mais detalhadamente em meu livro *As 5 linguagens do amor*, no capítulo 1.)

Um muro de decepções

Jennifer estava chorando quando lhe entreguei a caixa de lenços de papel que estava no aparador. "Eu simplesmente não entendo", ela disse. "Antes do casamento, eu me sentia tão próxima de Rob. Nós compartilhávamos tudo. Ele era tão gentil, terno e compreensivo. Ele me escrevia poemas e me dava flores, mas agora tudo isso se foi. Eu simplesmente não o conheço mais. Ele não é o homem com quem me casei. Não conseguimos sequer conversar sem começar uma discussão. Parecemos tão distantes um do outro. Sei que ele deve estar tão infeliz quanto eu. Sei que ele não está feliz."

O que aconteceu com a intimidade entre Jennifer e Rob? A resposta é tão antiga quanto a própria criação. A Bíblia descreve o início do relacionamento entre a primeira mulher e o primeiro homem desta forma: "O homem e a mulher estavam nus, mas não sentiam vergonha" (Gênesis 2.25) Homem e mulher nus, sem sentir vergonha um do outro. É uma imagem bem gráfica da intimidade conjugal. Duas pessoas distintas, iguais em valor, com profunda relação emocional, espiritual e física; totalmente transparentes, sem medo de serem conhecidas. É a esse tipo de abertura, de aceitação, de confiança e de excitação que todo casal aspira.

Mas, algumas páginas depois, lemos que esse mesmo homem e essa mesma mulher costuraram folhas de figueira para se cobrirem, depois de terem desobedecido a Deus. Eles se esconderam de Deus e um do outro. Agora havia razão para sentirem vergonha. Havia uma nova experiência, o medo, e o homem e a mulher não podiam mais tolerar a nudez. A culpa era muito intensa; a vergonha era insuportável. A intimidade fora prejudicada. A primeira coisa que Adão fez foi culpar Eva, e ela, por sua vez, culpou a serpente. Antes que o dia terminasse, Deus anunciou as consequências do pecado deles, fez-lhes vestes de peles de animais para se cobrirem e os guiou para fora do lindo jardim. O paraíso agora era apenas uma memória, e a dor era a realidade.

A maioria dos casais tão somente sonha com a intimidade perfeita do paraíso. Podemos começar a vida de casados com uma dose relativamente alta de intimidade, mas, em algum momento, substituímos a intimidade pelo isolamento.

Como acontece essa perda de intimidade? Muitos casais a descreveram como um muro que vai se erguendo entre eles. Permitam-me lembrar que todo muro é sempre construído tijolo por tijolo. Talvez você se lembre de um episódio como este a seguir, nas primeiras semanas do seu casamento. Matt e Emily estavam casados há apenas um mês. Tudo estava indo bem, até quinta-feira à noite, quando Matt desligou o telefone e disse para Emily, cheio de empolgação:

— Adivinha só? Era o Dave. Vamos ao jogo no sábado.

— Como assim? Achei que tínhamos concordado que iríamos trabalhar aqui em casa neste fim de semana. Você ia me ajudar com algumas coisas — disse Emily.

— Mas...

— Você é casado. Lembra? Dave não é. Ele não se importa. Matt, você não pode mais simplesmente se virar e sair com seus amigos.

Essa experiência foi como colocar o primeiro tijolo de um muro que se erguia entre os dois. Naqueles dias, porém, eles ainda estavam "apaixonados"; então, superaram a mágoa, a decepção. Em poucos dias, as coisas estavam praticamente de volta ao normal. Superaram o episódio, mas o tijolo ainda estava lá. Dois meses depois, houve outra experiência, e outro tijolo foi colocado, e depois outro e outro. Em pouco tempo, ergueu-se um muro entre Matt e Emily que eles nunca tiveram a intenção de construir. A intimidade se foi, e eles estavam separados por um muro de decepções.

Como um casal pode recuperar a intimidade? A resposta é simples, mas não é fácil: esse muro deve ser derrubado. Um deve ir até o outro e dizer: "Tenho pensado em nós e percebi que o problema não é só com você. Tenho olhado para o nosso casamento e pensado nas vezes em que falhei com você. Lembro-me de algumas delas. Gostaria que você se lembrasse dessas vezes e queria pedir que me perdoe".

No momento em que você se dispõe a admitir suas falhas e a pedir perdão, o muro do seu lado cai. Se seu cônjuge decidir perdoar você e, por sua vez, também reconhecer os próprios fracassos, o muro é derrubado de ambos os lados, e a intimidade retorna quase que de imediato. Para que o muro não volte a se erguer entre vocês, devem adotar a prática de reconhecer os próprios fracassos o mais rápido possível depois que eles ocorrem. Ninguém é perfeito. De vez em quando, decepcionaremos nosso cônjuge; porém, se estivermos dispostos a reconhecer nossas falhas e pedir perdão, conseguiremos impedir que o muro volte a se erguer.

Falar, ouvir, entender

Uma vez que esse muro cai, ainda temos trabalho a fazer para reconstruir a intimidade. Não "alcançamos intimidade" e a mantemos, como se fosse um tesouro, para o resto de nossas vidas. A intimidade é algo fluido, não estático, e resulta de uma comunicação aberta, honesta e contínua. A comunicação envolve atitudes simples: autorrevelação, por meio da qual um conta ao outro a respeito de seus pensamentos, sentimentos e experiências, enquanto o outro recebe essa autorrevelação como informação e busca compreender o que a primeira pessoa está pensando e sentindo. A segunda pessoa, por sua vez, revela seus próprios pensamentos, sentimentos e experiências, enquanto a outra escuta e procura compreender. O simples processo de falar e escutar mantém a intimidade.

Não temos a capacidade de ler mentes. Podemos observar o comportamento de nosso cônjuge, mas não sabemos quais pensamentos, sentimentos e motivações estão por trás desse comportamento. Podemos observar o outro chorando, mas não sabemos o que o levou às lágrimas. Podemos ver o outro se comportar com raiva, mas não sabemos de forma instintiva o que deu origem a esse furor. Somente à medida que nos revelamos um ao outro é que podemos continuar a ter sentimentos de intimidade de um para com o outro. Por que essa simples habilidade humana de falar e ouvir é tão difícil no contexto do casamento? Parecíamos ser especialistas em comunicação na época do namoro. Passávamos horas e horas conversando e ouvindo, revelando segredos íntimos do nosso passado e expressando nossos sentimentos de forma aberta e, às vezes, até poética. Por que essa capacidade de comunicação se torna algo tão difícil depois do casamento? Além dos tijolos que permitimos que nos separem, há outras razões pelas quais falhamos em nos comunicar em um nível emocional íntimo.

Enterrando nossas emoções

A maioria dos casais continuará a conversar no nível da logística prática do dia a dia, muito depois que a intimidade emocional tiver acabado. A que horas devo pegar as crianças? Quando começa a reunião? Vamos comer fora ou em casa hoje à noite? A que horas o encanador vem? Você pagou a conta do cartão? Vou levar o cachorro para passear. Esse nível de discussão de informações factuais pode continuar, e geralmente continua, muito tempo depois que a intimidade emocional, intelectual, espiritual e sexual tiver terminado. Mas a intimidade não se sustenta com conversas tão superficiais. A intimidade cria raízes quando compartilhamos nossas paixões, emoções, pensamentos, experiências, desejos e frustrações. O que impede o livre fluxo da comunicação nesse nível emocional mais profundo? Permita-me sugerir alguns impedimentos comuns.

Um dos motivos pelos quais não discutimos nossos sentimentos é porque não estamos em contato com eles. Por alguma razão, alguns de nós foram ensinados a negar as próprias emoções. Talvez lá atrás, no começo de vida, alguém nos tenha levado a acreditar que nossas emoções não eram aceitáveis. Nunca vimos nosso pai demonstrar tristeza ou fraqueza, exibia somente um silêncio estoico. Nossa mãe dizia: "Sempre olhe o lado bom das coisas". Nossa avó dizia: "Meninos crescidos não choram". Medo, negativismo, compartilhar o que realmente pensávamos ou nos perguntávamos — essas coisas eram desencorajadas em nossa fase de crescimento.

Para outros, a profunda dor emocional vivenciada na infância deu o tom da sua realidade adulta. A dor da separação dos pais, a lembrança de algum abuso físico ou sexual, o luto pela morte prematura de um dos pais — essas e outras experiências de dor emocional nunca foram processadas quando criança. Os sentimentos estão profundamente enterrados dentro da pessoa. Há muitos anos a pessoa deixou de sentir porque a dor era muito intensa. E separou sua vida intelectual de sua vida emocional, de modo que não está mais em contato com o que sente. Quando você pergunta a essa pessoa: "Como você se sente sobre o câncer da sua irmã?", a resposta dela será: "Não tenho sentimentos. Só espero que ela melhore". Essa pessoa não está fugindo da pergunta. Ela simplesmente não está em contato com o lado emocional de sua humanidade. Para que essa pessoa encontre saúde e cura, ela provavelmente precisará da ajuda de um conselheiro formado. Não ajuda em nada o cônjuge condená-la por não falar de suas emoções.

A segunda razão pela qual relutamos em falar de nossas emoções é por temermos a reação do nosso cônjuge. Podemos temer que ele ou ela condene nossos sentimentos, diga que não deveríamos nos sentir assim, fique bravo conosco ou nos rejeite. A razão para o nosso medo pode estar enraizada em experiências que tivemos com nosso cônjuge ou pode estar enraizada em experiências da nossa infância. Esse medo funciona como um obstáculo substancial à intimidade emocional. Para superar esses medos, primeiro precisamos reconhecê-los e buscar uma oportunidade para admiti-los. Somente quando enfrentarmos esses medos abertamente seremos capazes de processá-los e superá-los.

Outra razão pela qual alguns indivíduos não falam mais sobre suas emoções é porque nunca falaram no passado. "Temos um bom casamento, mas nunca falamos muito sobre nossos sentimentos. Por que deveríamos começar a falar agora?" Normalmente, a pessoa que faz uma afirmação desse tipo veio de uma família na qual as emoções não eram admitidas abertamente. A mensagem era clara no sentido de que, nesta casa, não falamos sobre nossos sentimentos, especialmente se desconfiarmos que as outras pessoas os acharão censuráveis. Então, esse indivíduo dá um jeito de viver sem expor suas emoções. Dessa forma, todo o seu casamento foi estruturado com pouca abertura na área emocional. E a ideia de fazer algo diferente disso é um pouco assustadora. Discutir emoções, porém, é uma maneira necessária para construir uma intimidade mais profunda no relacionamento. E, sim, a intimidade emocional afeta a intimidade sexual. Nunca seremos bem-sucedidos em separar essas duas coisas.

Há mais uma razão pela qual algumas pessoas não discutem suas emoções com seu cônjuge: "Não quero sobrecarregar meu cônjuge com meus problemas emocionais". Superficialmente parece ser uma declaração solícita, e a pessoa pode realmente estar zelando pelos interesses de seu cônjuge. Há momentos em que nosso cônjuge pode estar sujeito a tanto estresse que talvez não seja sensato discutirmos nossas emoções, especialmente se elas forem negativas. Podemos precisar ouvi-lo, enquanto fala de suas emoções, para que possamos dar-lhe apoio emocional, em vez de sobrecarregá-lo ainda mais com nossos próprios problemas. Mas, em um relacionamento saudável, discutir emoções precisa ser uma via de mão dupla. Se não expressarmos nossos sentimentos negativos de mágoa e decepção, como o outro poderá nos dar apoio emocional? Estamos negando ao nosso cônjuge a oportunidade de ser íntimo conosco e entrar em nossas lutas.

Essa atitude de compartilhar o eu interior é o fio a partir do qual tecemos a trama da intimidade conjugal. É o que pensávamos ter quando nos casamos. É o que queríamos ter por toda a vida. Sem isso, todo o relacionamento parece murchar. É algo extremamente importante para uma família amorosa. Satisfaz os anseios internos do casal e, se a família tiver filhos, serve como o melhor modelo positivo do que é uma família.

Como o desejo de intimidade conjugal está tão profundamente enraizado em nossa psique, ele afeta de forma intensa todos os demais aspectos da vida familiar. Primeiro, afeta a maneira como marido e mulher se tratam. Depois, influencia a maneira como ambos se relacionam com os filhos. Quando existe intimidade entre marido e mulher, o resultado será um ambiente saudável que é propício para criar os filhos. Quando ela não existe, os filhos crescerão em um campo de batalha e podem carregar cicatrizes pelo resto da vida.

O tempo e o esforço gastos para desenvolver intimidade em seu casamento é um tempo sabiamente investido para a saúde emocional e física de seus filhos. Na verdade, poucas coisas produzirão resultados maiores para seus filhos. A intimidade entre marido e mulher gera segurança na vida dos filhos. Há algo profundo dentro de uma criança que diz: "É assim que deve ser".

4

Cinco passos para a intimidade

Ninguém se casa para encontrar uma maneira conveniente de cozinhar, lavar louça, lavar roupa, resolver coisas do dia a dia e criar filhos. Nós nos casamos por um desejo profundo de conhecer e ser conhecido pelo outro, de amar e ser amado, de viver a vida juntos, acreditando que, unidos, poderíamos experimentar a vida com mais profundidade do que separados.

Como transformar esse objetivo sublime e às vezes etéreo em algo que possamos viver no dia a dia? Algo que pode nos ajudar é olhar para os cinco componentes essenciais de um relacionamento íntimo.

Número 1: Compartilhamos nossos pensamentos (intimidade intelectual).

Número 2: Falamos de nossos sentimentos (intimidade emocional).

Número 3: Passamos tempo juntos e conversamos sobre o tempo que passamos separados (intimidade social).

Número 4: Abrimos o coração um para o outro (intimidade espiritual).

Número 5: Compartilhamos nossos corpos (intimidade física).

Na vivência cotidiana, esses cinco componentes nunca podem ser separados em cinco caixas distintas; contudo, para fins de aprendizado, vamos analisá-los separadamente.

"O que você pensa?":
Entendendo a intimidade intelectual

Quando estamos acordados, vivemos no mundo da mente. Estamos constantemente pensando e tomando decisões com base nesses pensamentos. Desde o momento em que acordamos, nossa mente está ativa. Ela pega imagens, sons e cheiros que encontramos através dos sentidos e lhes atribui significado. Com o primeiro toque suave do despertador, a mente nos encoraja a levantar (ou a cochilar mais cinco minutos). Abrimos a geladeira e vemos que o leite acabou e decidimos se vamos comer nosso cereal puro ou se pegamos um donut no caminho para o escritório. Nós pensamos, interpretamos, decidimos — tudo no domínio da mente. Ninguém mais sabe o que está acontecendo dentro da nossa cabeça. Isso acontece o dia todo (não é de se admirar que às vezes tenhamos dores de cabeça!). Além de processar o que experimentamos através dos cinco sentidos, a mente também tem a capacidade de vagar. Enquanto estiver executando um projeto, particularmente se for algo de rotina, a mente pode visitar o deserto do Saara, a floresta Amazônica, as geleiras da Antártida. Na mente, podemos atravessar continentes em milésimos de segundos. Podemos ver rostos e ouvir vozes que existem apenas em nossa memória.

A mente também está repleta de desejos. O desejo nos motiva a ir até a máquina de café ou a entrar na internet e reservar uma viagem pelo país. O desejo baseia-se na ideia de que, quando obtenho ou faço algo, encontrarei prazer ou realizarei algo de valor. Essas ideias chamadas desejos motivam grande parte do comportamento humano. Assim, nossa mente funciona — o dia todo, todos os dias — sempre cheia de pensamentos. O mesmo vale para seu cônjuge. Cada um de vocês vive dentro de suas respectivas mentes. Quer vocês estejam no mesmo cômodo quer a quilômetros de distância, suas mentes estão ativas com pensamentos.

Se quisermos alcançar intimidade, devemos optar por revelar alguns desses pensamentos um ao outro. Obviamente, devemos ser seletivos. A possibilidade de discutir todos os pensamentos é absurda. A vida não é tão longa assim! Em contrapartida, a escolha de não dizer nada ao outro é morte garantida para a intimidade. Uma parte tão substancial de nossa vida se dá no mundo da mente. Se reservarmos um tempo para contar alguns dos nossos pensamentos, das nossas interpretações do que aconteceu em nossa vida naquele dia e os desejos com os quais vivemos, experimentaremos intimidade intelectual.

Quando falo de intimidade intelectual, não me refiro a discutir pensamentos altamente técnicos ou supostamente intelectuais. O importante é discutir os *seus* pensamentos. Podem ser pensamentos voltados para finanças, política, comida, raça, saúde ou crime, mas são os seus pensamentos. Eles revelam algo do que aconteceu em sua mente ao longo do dia. Quando duas mentes se conectam, ocorre a construção da intimidade intelectual. Essas mentes não têm os mesmos pensamentos nem as mesmas perspectivas sobre o que viveram — e essa é a genialidade da intimidade intelectual. Temos o sublime prazer de aprender algo sobre a dinâmica interna da mente de nosso cônjuge. Essa é a essência da intimidade intelectual.

Deixando que outro entre em seu mundo: Entendendo a intimidade emocional

Os sentimentos são nossas respostas emocionais espontâneas ao que encontramos por meio dos cinco sentidos. Ouço alguém dizer que o filho de um amigo está doente e me sinto triste. Vejo o caminhão do corpo de bombeiros passar correndo pela rua e fico preocupado. Você toca minha mão e me sinto amado. Vejo seu sorriso e me sinto encorajado.

O dia inteiro, todos os dias, a vida é tomada por sentimentos. Você coloca uma nota na máquina de bebidas e não recebe nenhuma bebida (nem troco). Você tem sentimentos a respeito disso! Você é informado de que a empresa para a qual trabalha vai reduzir o número de funcionários. Você tem sentimentos a respeito disso! Sua esposa liga e diz que conseguiu uma promoção no trabalho. Seu filho, que está no ensino fundamental, discute com você. Sua vida interior está repleta de sentimentos, mas ninguém os vê. As pessoas podem ver determinado comportamento que é motivado por seus sentimentos, mas não conseguem ver seus sentimentos em si. Elas veem você rindo, mas não sabem o porquê. Veem você de cenho franzido, mas têm, na melhor das hipóteses, apenas uma ideia parcial do que motivou isso.

O que constrói a intimidade emocional é *discutir* essas emoções. É permitir que outra pessoa entre em seu mundo interior de sentimentos: é estar disposto a dizer: "Estou sentindo muito medo agora" ou "Estou muito feliz esta noite", "Fiquei tão encorajado quando ouvi…", "Eu me senti envergonhado ontem à noite sobre…", "A melhor maneira que conheço de descrever meus sentimentos é dizer que estou magoado". Essas palavras são declarações de autorrevelação. Ao fazer tais declarações, estamos optando por ser íntimos de nosso cônjuge, por revelar a ele ou a ela algo do que está se passando em nosso mundo emocional.

Aprender a falar sobre nossas emoções pode ser uma das experiências mais gratificantes da vida. Essa discussão requer uma atmosfera de aceitação. Se eu tiver certeza de que meu cônjuge não condenará meus sentimentos nem tentará refutá-los ou mudá-los, é muito mais provável que eu fale sobre eles. Se uma esposa disser: "Estou me sentindo deprimida nos últimos dias" e a resposta do marido for: "Por que você deveria se sentir deprimida? Com essa vida tão fácil que você tem, como pode estar deprimida?", ela achará difícil explicar seus sentimentos a ele em uma próxima vez. No entanto, se ele aceitar as emoções dela e disser: "Sinto muito por ouvir isso. Por que você não me fala a respeito do que está sentindo?", e ouvir atentamente enquanto ela fala mais sobre seus sentimentos, criará um clima em que ela os discutirá abertamente com ele. Essa sensação de segurança, quando sabemos que nosso cônjuge aceitará o que estamos dizendo sem nos condenar ou nos envergonhar por nos sentirmos assim, torna mais fácil discutir nossos sentimentos um com o outro.

A discussão de sentimentos positivos nos permite entrar nas alegrias um do outro. Uma esposa diz ansiosamente ao marido: "Estou tão animada. Acabei de receber um e-mail da minha melhor amiga do ensino médio! Não tenho notícias dela há anos". Se o marido responder ao entusiasmo da esposa dizendo: "Isso parece emocionante. O que ela tinha para contar?", e então ouvir enquanto a esposa continua a expor sua empolgação sobre essa conversa do passado, eles vivenciarão um momento de intimidade emocional.

Da mesma forma, se falamos sobre sentimentos negativos, também criamos intimidade emocional. Uma esposa diz: "Estou com medo de que não teremos dinheiro suficiente para pagar a mensalidade da faculdade da Julie no próximo semestre. Eu me sinto muito mal com isso, mas não sei o que fazer". O marido pode responder à franqueza dela dizendo algo como: "Consigo perceber como isso pode ser um pensamento doloroso para você. Gostaria de falar sobre o que poderíamos fazer a respeito?". O que dirão a seguir provavelmente será uma discussão mais aprofundada sobre a situação financeira e, talvez, juntos, eles tenham alguma ideia do que podem fazer para atingir essa meta financeira. Dessa forma, eles constroem intimidade emocional.

Discutir sentimentos — positivos e negativos — é um dos aspectos mais satisfatórios do casamento. Quando falamos de nossas emoções ao nosso cônjuge, nós o estamos incluindo em uma parte muito poderosa de nossa vida. Emoções positivas compartilhadas sempre intensificam o prazer, e emoções negativas compartilhadas devem sempre trazer alívio e apoio. Em um relacionamento íntimo, as emoções não são vistas como inimigas, mas sim como amigas, e falar das emoções faz parte do curso normal da vida.

Compartilhando experiências: Entendendo a intimidade social

A intimidade social tem a ver com passar tempo juntos em torno dos eventos da vida. Muitos desses eventos envolvem outras pessoas. Alguns deles vivenciamos juntos; outros acontecem quando estamos separados e são compartilhados por meio de comunicação aberta. Ambos constroem intimidade social. Grande parte da vida gira em torno de encontros que acontecem ao longo do dia — coisas que as pessoas nos dizem, coisas que as pessoas fazem por nós ou conosco ou mesmo contra nós, situações que surgem e com as quais somos forçados a lidar. Nosso supervisor nos dá uma palavra de encorajamento ou solta alguma bomba; o filho vai mal na prova de álgebra ou a filha chega doente da escola. A vida é feita de uma combinação de rotina e fatos inesperados. Muitos desses encontros acontecem quando não estamos com o nosso cônjuge. É ao contar verbalmente esses acontecimentos que passamos a sentir que somos parte das experiências um do outro. A vida não se limita ao que acontece comigo ao longo do dia. Conforme converso com meu cônjuge, nosso horizonte se amplia. Nós nos sentimos parte do que o outro está fazendo. Sentimos que somos uma unidade social e cada um de nós entende que o que acontece na vida do outro é importante.

Narrar esses eventos frequentemente envolverá a discussão de pensamentos e sentimentos. Dizemos um ao outro como interpretamos os acontecimentos e também podemos explicar os sentimentos que os acompanham. Há muitos anos, em meus seminários sobre casamento, venho incentivando as pessoas a estabelecer a prática de um "tempo diário de compartilhamento", durante o qual uma pessoa conta à outra no mínimo "três coisas que aconteceram na minha vida hoje e como me sinto a respeito delas". Quando criam essa prática, muitos casais apontam que esse tempo de conversa diária se tornou o ponto alto do dia e que, nesse momento, eles realmente vivenciam a intimidade social.

Há outro aspecto da intimidade social, no entanto, que envolve os dois *fazendo* coisas juntos. Esses momentos podem contar com a presença de outras pessoas, como ir ao cinema ou participar de um evento esportivo. Mas as atividades sociais não se limitam a eventos em que somos espectadores. Podemos jogar boliche juntos ou plantar uma árvore no jardim da frente. Podemos até fazer compras juntos (o que também seria um ato de serviço para alguns maridos). Um piquenique no parque pode acrescentar emoção a um dia nublado. Grande parte da vida envolve fazer algo. Quando fazemos coisas juntos, estamos não só desenvolvendo um senso de trabalho em equipe, mas estamos também aumentando nosso senso de intimidade.

As coisas que fazemos juntos normalmente se transformam em nossas lembranças mais marcantes. Será que algum dia esqueceremos a experiência de escalar aquela montanha? Ou quem pode esquecer de quando dávamos banho no cachorro juntos? Eu segurava, enquanto você esfregava. Então, teve aquelas vezes em que andamos de trenó juntos, antes de nossos filhos chegarem. E depois andamos de trenó com eles. E aquela vez, à meia-noite, em que saímos furtivamente e deixamos as crianças na cama, e fizemos a colina de tobogã, escorregando ladeira abaixo.

Em uma família amorosa, a intimidade social é um estilo de vida. Pressões de tempo, estresses e outras barreiras devem ser negociadas, mas existe um esforço consciente, por parte do marido e da esposa, para que continuem a reservar um tempo para viverem juntos a vida, fazendo coisas que um deles ou ambos gostam.

Um casal sob Deus:
Entendendo a intimidade espiritual

A intimidade espiritual é frequentemente a menos explorada de todos os pilares da intimidade conjugal, mas tem um impacto significativo nas outras quatro áreas da intimidade. Há muitos anos, quando comecei meus estudos antropológicos, fiquei fascinado ao descobrir que onde quer que encontremos um ser humano, também encontramos alguma crença no mundo espiritual. Poucos aspectos da cultura humana são "pan-humanos" — isto é, são encontrados em todas as culturas. A crença em um mundo espiritual é uma dessas realidades

pan-humanas. Minha conclusão pessoal, após anos de estudo, é que a tentativa do homem pós-moderno de ignorar ou negar a realidade da natureza espiritual da humanidade é inútil. Na cultura ocidental, o interesse atual por várias formas de espiritualidade é uma evidência de que o homem ocidental pós-moderno ainda está em busca de uma alma.

Minha convicção pessoal é que, quando o homem moderno deixou a antiga fé cristã, em busca de iluminação por meio do materialismo científico, ele deixou a fonte da verdade espiritual. Tenho bebido dessa fonte há muitos anos e a considero um manancial de grande tranquilidade.

Como o casamento envolve dois indivíduos em busca de construir intimidade, suas percepções e experiências individuais no reino espiritual são algo a ser discutido. A noção de que religião é "pessoal" e algo sobre o qual não se fala é tão equivocada quanto a noção de que emoções são pessoais e algo que não se discute. Quando nos recusamos categoricamente, por qualquer motivo que seja, a discutir nossas percepções espirituais, estamos deixando de fora todo um aspecto da nossa humanidade e, assim, limitamos a intimidade conjugal.

A intimidade espiritual não requer que haja concordância de crença nos mínimos detalhes. Como em todas as outras áreas de intimidade, estamos procurando dizer um ao outro o que está acontecendo em nosso eu interior. Quando falamos sobre nossas emoções, pensamentos e experiências, estamos contando algo que a outra pessoa não saberia, a menos que tivéssemos optado por falar a respeito disso. Na construção da intimidade espiritual o processo é muito parecido. Cada um de nós está contando ao outro sobre seus próprios pensamentos, experiências, sentimentos e interpretações pessoais das coisas espirituais. O propósito não é concordância, mas sim compreensão.

Obviamente, se tivermos as mesmas crenças fundamentais, nosso nível de concordância intelectual será alto; mas, mesmo nesse caso, nossas experiências, emoções e interpretações de coisas espirituais nem sempre serão idênticas. Por exemplo, você pode ter passado muito tempo esta semana refletindo sobre o amor de Deus — enquanto eu gastei tempo lendo sobre a ira de Deus. Estou tentando entender e processar um aspecto da natureza de Deus, enquanto você está meditando e refletindo sobre outro aspecto. Se estivermos dispostos a abrir essa parte de nossas vidas um para o outro, ambos podemos nos enriquecer, e o resultado será a intimidade espiritual.

Tempos atrás, minha esposa entrou em meu escritório entusiasmada e disse: "Preciso ler isso para você". Ela começou a ler um trecho bastante longo de do romance *Os miseráveis,* de Victor Hugo. Ela leu o trecho em que o bispo de Digne estava interagindo com um homem que vivera como condenado por dezenove anos, e só recentemente fora libertado. O homem estava comovido com a ideia de que o bispo o receberia em sua casa para uma refeição, já que lhe haviam sido negados alojamento e comida em vários estabelecimentos da vila. "Você nem sabe meu nome", disse o homem, ao que o bispo respondeu: "Ah, mas eu sei seu nome. 'Seu nome é meu irmão'". Ela continuou a ler sobre a maneira amorosa com que o bispo respondeu a esse homem que tivera uma vida tão difícil. Então, ela me falou de seus próprios sentimentos e pensamentos em relação a essa passagem e me lembrou da vez em que assistiu a uma encenação de *Os miseráveis* em Nova York. Sua fala e minha escuta nos fizeram experimentar um momento de intimidade espiritual.

Intimidade espiritual é discutir um com o outro alguns de seus pensamentos sobre realidades espirituais. Tricia leu o salmo 23 ontem de manhã e foi cativada pelos pronomes pessoais: "O Senhor é meu pastor, e nada me faltará. Ele me faz repousar em verdes pastos e me leva para junto de riachos tranquilos". Ontem à noite, ela discutiu essa questão com Art, e ele contou a ela sobre sua experiência com um pastor na Austrália, antes de se casarem. Eles experimentaram intimidade espiritual.

A intimidade espiritual é promovida não só pela comunicação verbal, mas também por experiências compartilhadas. Jim e Judy frequentavam juntos, regularmente, os cultos de adoração no domingo de manhã. "Há algo em participar do culto juntos que me dá uma sensação de proximidade com Jim. Compartilhamos o mesmo hinário; eu o ouço cantar as mesmas letras que estou cantando. Damos as mãos durante as orações e ouvimos e tomamos notas do sermão do pastor. Normalmente, no caminho para casa, comentamos um com o outro sobre alguma coisa que apreciamos no culto naquela manhã".

Orar juntos é outra maneira de desenvolver intimidade espiritual. Poucas coisas são mais pessoais do que a oração sincera. Duas pessoas que se unem em uma oração sincera descobrirão um profundo senso de unidade espiritual. Raramente ficamos mais vulneráveis do que nos momentos em que fazemos orações sinceras juntos, um com o outro. Para aqueles que não se sentem confortáveis em verbalizar suas orações na presença do cônjuge, sugiro a oração silenciosa. Deem as mãos, fechem os olhos e orem silenciosamente. Quando terminarem, digam "Amém" em voz alta. Quando a outra pessoa disser "Amém", você saberá que ela terminou de orar. Nenhuma palavra é proferida de forma audível, mas seus corações se aproximam um do outro. Vocês viveram um momento de intimidade espiritual.

"Uma só carne":
Entendendo a intimidade física

Como homens e mulheres são sexualmente diferentes (e viva a diferença!), muitas vezes chegamos à intimidade sexual de maneiras diferentes. A ênfase do marido mais frequentemente está voltada para os aspectos físicos da intimidade sexual. A visão, o toque, o sentimento, a experiência das preliminares e do clímax são o foco da atenção dele. É fisicamente excitante, estimulante e satisfatório, e muitos diriam que é o maior prazer físico da vida. A esposa, por outro lado, na maioria das vezes chega à intimidade sexual colocando sua ênfase no aspecto emocional. Sentir-se amada, cuidada, admirada, apreciada e tratada com ternura são as coisas que lhe trazem grande alegria. Se o encontro sexual for precedido por palavras de afirmação e atos de amor — se, em suma, ela se sentir verdadeiramente amada — então a experiência sexual será apenas uma extensão desse prazer emocional. Ela desfrutará do orgasmo físico, mas não vive em função desse momento. Seu prazer deriva-se muito mais da proximidade emocional que ela sente em relação ao marido na experiência sexual.

A intimidade sexual requer que o casal compreenda essas diferenças e possa lhes dar uma resposta. O marido deve aprender a se concentrar na necessidade emocional de amor de sua esposa, e ela deve entender o aspecto físico da sexualidade dele. Se o casal se concentrar em fazer da experiência sexual um ato de amor um pelo outro e dedicar tempo para aprender a como dar prazer um ao outro, eles encontrarão intimidade sexual. Mas se eles simplesmente "fizerem o que surgir naturalmente", encontrarão frustração sexual.

Também há diferenças na área da excitação sexual. Os homens são estimulados pela visão. Simplesmente observar a esposa se despir na luz sombreada do quarto pode lhe dar uma ereção. (Desculpe, homens. Elas podem nos ver nos despir e não se excitarem. Quero dizer, o pensamento sequer lhes passa pela cabeça.) As mulheres são muito mais estimuladas sexualmente por toques ternos, palavras afirmativas e atos de consideração. É por isso que muitas esposas já disseram: "O sexo não começa no quarto. Começa na cozinha". Não começa à noite, começa de manhã. A maneira como ela é tratada, como o marido fala com ela ao longo do dia terá um efeito profundo em sua excitação sexual.

Portanto, deve ser óbvio o fato de que não podemos separar a intimidade sexual da intimidade emocional, intelectual, social e espiritual. Nós olhamos cada uma separadamente com o propósito de entendê-las; porém, no contexto dos relacionamentos humanos, elas nunca podem ser compartimentadas. Não podemos atingir a intimidade sexual sem ter intimidade nas outras áreas da vida. Podemos fazer sexo, mas não ter intimidade sexual — aquela sensação de proximidade, de sermos um, de encontrarmos satisfação mútua.

A Bíblia diz que, quando um marido e uma esposa têm relações sexuais, eles se tornam "uma só carne". A ideia não é que eles percam sua identidade, mas que, no ato da relação sexual, essas duas vidas se unam de forma mutuamente satisfatória. Não é uma mera maneira de unir dois corpos que foram singularmente feitos um para o outro, mas também se refere a um vínculo intelectual, emocional, social e espiritual. É a expressão física da união interna de duas vidas. Nos antigos escritos em hebraico e nos escritos em grego do primeiro século da igreja primitiva, a relação sexual era sempre reservada para o casamento. Não era uma denúncia arbitrária da relação sexual fora do casamento; era simplesmente um esforço para ser fiel à natureza da relação sexual. Esse vínculo profundo seria algo inapropriado sem um compromisso amoroso para a vida toda entre marido e mulher.

Em uma família saudável, o relacionamento entre marido e mulher é, sem dúvida, o relacionamento mais importante. Nesse relacionamento, nada é mais importante do que a intimidade conjugal. A intimidade sexual é a expressão mais física dessa intimidade. E o sucesso da intimidade sexual é grandemente afetado pela intimidade intelectual, emocional, social e espiritual.

Intimidade conjugal e segurança familiar

Estresse, períodos de separação, doenças, trabalho, filhos e outros cuidados normais que a vida exige afetarão o tempo e a energia a serem investidos na intimidade conjugal; porém, em uma família amorosa, o marido e a esposa estão comprometidos em manter a intimidade viva. Um relacionamento tão íntimo não só traz profunda satisfação ao casal, mas também serve de modelo para os filhos da família. É esse modelo que está tão desesperadamente ausente em tantas famílias contemporâneas.

E quanto ao nosso antropólogo residente? O que John viu de intimidade conjugal em nosso relacionamento? Bem, é claro que não convidamos John a entrar em nossa intimidade, mas ele às vezes nos pegava nos beijando no sofá. Em suas próprias palavras:

> Karolyn demonstrava mais; ela gosta de abraçar. Eu achava você [Gary] mais reservado, mas estava claro que vocês se amavam muito. Havia uma segurança que era real. Eu me lembro de você estendendo a mão e colocando o braço em volta dela, tocando o braço dela, sendo muito afetuoso dessa forma. Eu sempre gostava de ouvir a história de como vocês dois ficaram juntos e de

como Karolyn resistiu no começo. Ela era honesta sobre aquele momento da vida dela; ela realmente superou e amou você apaixonadamente, com todo o coração, e você fez o mesmo por ela. Eu sempre senti que há um grande respeito de ambas as partes — era óbvio que você a respeitava tremendamente e a ouvia, a deixava falar e não a interrompia, e que você faria o mesmo por mim também. Eu também achava que você era transparente. Você sempre foi muito honesto sobre ter superado momentos difíceis em seus primeiros anos. Eu achava isso extremamente encorajador.

Às vezes, John se voluntariava para tomar conta das crianças, para que Karolyn e eu pudéssemos participar de eventos sociais. (Tentávamos não tirar vantagem de John como alguém convenientemente à mão para cuidar das crianças; sabíamos que esse não era o principal propósito de sua presença ali.) Outras vezes, levávamos as crianças conosco, quando fazíamos caminhadas em um parque próximo e, enquanto ficávamos de olho atento nelas, Karolyn e eu conversávamos sobre pensamentos, sentimentos e experiências do nosso dia. Nosso costume era colocar as crianças na cama às 20h30. Isso nos permitia ter um "tempo para o casal".

Trabalhávamos duro para estar juntos no jantar. Esse era o nosso momento de contar uns para os outros o que havia acontecido em nosso dia. John era parte integrante dessa conversa. Depois que John se foi e as crianças entraram na adolescência, continuamos essa tradição, embora isso significasse que, com os treinos de basquete e outras atividades extracurriculares da escola, nosso jantar oscilava das 16h às 21h. Para nós, era um compromisso; era a família no seu melhor momento, se unindo de forma intelectual, emocional e social. Agora que nossos filhos cresceram, quando eles vêm nos visitar ocasionalmente, a mesa de jantar é o foco do nosso "tempo juntos". Podemos ficar ali sentados por horas, recuperando o tempo que passamos longe uns dos outros.

A intimidade entre marido e mulher se difunde para os demais relacionamentos familiares. Se faltar intimidade no relacionamento conjugal, ela provavelmente será distorcida nos relacionamentos entre pais e filhos e nos relacionamentos entre irmãos. Em famílias saudáveis, maridos e esposas fazem do casamento a principal prioridade, pois percebem que a intimidade entre marido e mulher não só atende às suas próprias necessidades, mas proporciona aos filhos o mais alto nível de segurança emocional. Estou plenamente convencido de que minha maior contribuição para as crianças desta geração está em ajudar suas mães e seus pais a construírem casamentos em que haja intimidade.

Sempre contamos aos nossos filhos sobre nossa luta pessoal para construir uma intimidade conjugal. Eu me convenci de que nosso filho, Derek, entendeu essa luta e o doce fruto da intimidade, no dia em que ele me deu o poema a seguir.

Hoje à noite, um trem passa pelo
Sopé do vale perto de casa.
Um longo apito soa pelo ar, reunindo em seu chamado
Todas as noites não ouvidas.

Meus pais, profundamente adormecidos
E eu, escutando pela
janela.

Eles também reúnem tantas noites longas —
Noites antes do meu nascimento

*Noites no deserto do Texas
Tentando forçar uma desistência um do outro;
Noites à espera do outro
Para ir para a cama, depois de um dia
De silencioso desentendimento,
Noites se perguntando se é que isso
era para ser, afinal.*

*E, depois de todas aquelas noites do passado
A palavra lar finalmente se formou
Em toda a sua plenitude.
E o café da manhã chega com alegria
Para os filhos, e os pratos são lavados
E enxugados sem reclamar;
E nós, crianças, nos admiramos
Diante do que parece um sacrifício diário
Mas que chega até nós
Como um trem que passava por
Um longo vale sem ser ouvido,
E agora soa este
Apito de íntima sabedoria.*

PARTE 3

PAIS QUE GUIAM

5

Falar, fazer, amar

Em uma família saudável, os pais assumem a responsabilidade de guiar seus filhos — de ensiná-los, treiná-los e, sim, discipliná-los. No mundo grego antigo, duas palavras descreviam a função dos pais: *ensinar e treinar*. A palavra grega para o verbo ensinar, *nouthesia*, significa literalmente "colocar na mente". No modo de pensar grego, isso era feito por advertência verbal; portanto, ensinando por meio de palavras. A palavra grega para o verbo treinar é *paideia*. Às vezes é traduzida como "nutrir", outras vezes como "castigar". Para os gregos, treinar sempre envolvia ação. Tinha um aspecto positivo e um aspecto negativo. O aspecto ligado a nutrir pode ter envolvido abraçar e beijar uma criança, enquanto o aspecto ligado a castigar pode ter envolvido contê-la fisicamente do perigo; em ambos, porém, a ênfase estava em agir.

Saber quando aplicar esses vários meios de guiar nem sempre é fácil — como qualquer pai pode atestar. Alguns pais juraram que sempre explicarão tudo aos filhos, e que nunca dirão: "É assim porque eu disse que é". O tema principal do seu estilo parental é "Vamos conversar sobre isso". Para alguns pais, "conversar" significa um monólogo no qual eles fazem outro sermão para a criança, enquanto outros enfatizam a importância do diálogo, assegurando-se de ouvir o que a criança pensa e também de expressar o que pensam. Em ambos os casos, porém, a ênfase está em ensinar por meio da palavra. Esses pais são excelentes em argumentar; eles querem responder aos "porquês" dos filhos. Adotam a filosofia de que, se os filhos entendem o porquê, ficam muito mais propensos a responder de forma positiva a regras ou a solicitações dos pais. Alguns desses pais que enfatizam palavras em detrimento de ações estão reagindo a padrões de disciplina fisicamente abusivos que eram praticados por seus próprios pais. Juraram a si mesmos que nunca tratarão seus filhos como foram tratados.

O lado negativo dessa abordagem que usa "somente palavras" para a criação dos filhos é que, quando as crianças não respondem a palavras calmas e à argumentação, os pais muitas vezes acabam gritando, berrando e ameaçando verbalmente os filhos para colocá-los na linha. Com o tempo, os pequenos aprendem o mesmo padrão de resposta dos pais, e o lar se torna um campo de batalha de palavras. Quem está no controle é quem grita mais alto e por mais tempo.

O outro grupo de pais enfatiza a ação em detrimento das palavras. O tema deles é "Aja primeiro, fale depois". Para muitos deles, esse depois nunca chega. Quando a criança está se comportando mal, eles imediatamente a puxam pela roupa, dão algumas palmadas fortes, a colocam de volta no carrinho de compras e esperam que ela não chore mais. O lema desses pais é "Ações falam mais alto do que palavras". A criança deve ser colocada em seu devido lugar. Se você não aplicar forte disciplina, ela sairá do controle. Esses são os pais que muitas vezes acabam maltratando fisicamente os filhos. Como a criança não responde positivamente às suas primeiras ações, esses pais recorrem a ações mais rigorosas e acabam fazendo coisas que nunca imaginaram que fariam.

Em uma família saudável, os pais equilibram palavras e ações. Eles dedicam um tempo para explicar as regras e as consequências por violá-las. Eles também assumem uma atitude amorosa quando ministram as consequências. Quando esse equilíbrio é alcançado, os pais ficam menos propensos a chegar a extremos como gritar, berrar e ameaçar, por um lado, ou cometer abusos físicos, por outro lado. Eles têm muito mais probabilidade de alcançar seu objetivo, que é ajudar a criança a se desenvolver e se tornar um adulto emocionalmente saudável.

Amar vem primeiro

A esta altura, alguns de vocês estão se perguntando: "É realmente possível que pai e mãe que tiveram abordagens muito diferentes para criar os filhos encontrem um ponto de acordo?". A resposta é um sim incondicional. Em nossa própria família, descobrimos que eu tendia a ser um pai quieto, calmo, do tipo "vamos conversar sobre isso", enquanto a Karolyn tendia a ser uma pessoa impulsiva, do tipo "tome uma atitude agora". Demorou um pouco para percebermos o que estava acontecendo, analisar nossos padrões e admitir um para o outro nossas tendências básicas. Feito isso, começamos a nos concentrar na pergunta: "O que é melhor para nossos filhos?", e descobrimos que poderíamos, e na verdade deveríamos, trabalhar juntos como um time. Nossas tendências básicas não mudaram, mas aprendemos a moderá-las. Aprendi a tomar medidas responsáveis e a combinar palavras com ações. Karolyn aprendeu a pensar antes de agir. Nos capítulos seguintes, falarei de algumas das ideias que nos ajudaram nesse processo. Antes, porém, vamos dar uma olhada no primeiro e mais importante elemento de que os pais precisam para guiar seus filhos.

Nenhum modelo de orientação e de disciplina será altamente eficaz se a criança não se sentir amada pelos pais. Em contrapartida, se a criança se sentir amada, mesmo tentativas sofríveis de ensino e treinamento ainda podem gerar um adulto saudável.

Certa vez li a história de um homem comum: tinha a esposa, dois filhos, uma casa confortável, uma vocação que dava sentido à sua vida. Tudo corria bem até que certa noite um dos filhos adoeceu. Acreditando que a doença não era nada sério, os pais deram à criança uma aspirina e foram para a cama. A criança morreu durante a noite de apendicite aguda. A tristeza e a culpa por essa trágica experiência levaram o homem ao alcoolismo. Com o tempo, sua esposa, frustrada, deixou-o. Ele agora era um pai solteiro com um filho, Ernie, e problemas com álcool.

Com o passar do tempo, seu alcoolismo o levou a perder seu emprego e, mais tarde, a perder sua casa, seu patrimônio e sua autoestima. Tempos depois ele morreu em um quarto de hotel, sozinho. Mas o filho acabou se tornando um adulto bem-ajustado, trabalhador e generoso. Conhecendo as circunstâncias em que ele fora criado, alguém lhe perguntou: "Sei que você e seu pai viveram sozinhos por muitos anos. Sei um pouco sobre seu problema com alcoolismo. O que ele fez para que você se tornasse uma pessoa tão amorosa, gentil e generosa?".

Depois de refletir, o jovem disse: "Desde que consigo me lembrar, de quando eu era criança até os 18 anos de idade, todas as noites meu pai entrava no meu quarto, me beijava na bochecha e dizia: 'Eu te amo, filho'".[4] O amor cobre uma multidão de pecados.

Aparentemente, o amor que Ernie sentia, por causa das palavras de afirmação e pelo toque físico de seu pai, abasteceu seu tanque de amor emocional e lhe deu habilidade para desenvolver uma visão positiva da vida, apesar dos fracassos de seu pai em outras áreas. Infelizmente, palavras de afirmação e um beijo não farão todas as crianças se sentirem amadas. Meu livro *As 5 linguagens do amor das crianças* enfatiza a importância de descobrir a principal linguagem de amor do seu filho e usá-la regularmente. Estou convencido de que existem cinco linguagens de amor emocionais e que cada criança entende uma dessas linguagens mais claramente do que as outras. Deixe-me revisar brevemente as cinco linguagens.

Linguagem do amor nº 1: Palavras de afirmação

O pai de Ernie falava duas das cinco principais linguagens do amor — palavras de afirmação e toque físico. Vamos examinar a primeira delas. Dizer a uma criança palavras positivas sobre si mesma e sobre a avaliação que você faz dela é uma das linguagens básicas do amor. As palavras a seguir são todas de afirmação: "Bom trabalho!", "Obrigada por sua ajuda", "Gostei do jeito que fez isso; posso dizer que você trabalhou duro", "Eu aprecio isso", "Ótima peça", "Agradeço por me ajudar esta tarde", "Você parece muito forte", "Você é tão linda", "Eu te amo". Para todas as crianças essas são expressões de afirmação importantes para comunicar amor, mas para a criança cuja principal linguagem do amor são as palavras de afirmação, elas são a sua força vital emocional.

Linguagem do amor nº 2: Tempo de qualidade

Tempo de qualidade significa dar à criança toda a sua atenção. Para a criança cuja linguagem de amor primária é tempo de qualidade, nada bastará, a não ser dedicar a ela longos períodos de atenção. Esse tempo pode ser passado lendo livros, jogando bola, andando de bicicleta, caminhando ou simplesmente conversando, enquanto você dirige até o restaurante. São esses momentos que fazem a criança se sentir amada. Dizer "eu te amo" sem passar tempo de qualidade com essa criança parecerá conversa fiada. As palavras dos pais podem ser sinceras, mas a criança não se sentirá amada.

Linguagem do amor nº 3: Toque físico

Há muito tempo conhecemos o poder do toque físico para comunicar amor. Pesquisas mostram que bebês que são tocados com frequência de forma amorosa crescem com melhor saúde emocional do que aqueles que são deixados sem atenção. O toque é crucial para todas as crianças, mas é ao receber toques afetuosos que algumas crianças se sentem mais amadas. A maneira como a criança é tocada certamente terá de ser modificada, conforme a criança for ficando mais velha. Abraçar um adolescente na presença de seus amigos pode lhe causar sentimentos de constrangimento, em vez de amor. Mas se a linguagem de amor primária de um adolescente for o toque físico, ele ansiará pelo toque, quando os amigos não estiverem por perto.

Linguagem do amor nº 4: Presentes

Dar e receber presentes é uma expressão universal de amor. Um presente diz: "Papai/mamãe estava pensando em mim". Quando você retorna de uma viagem e traz um presente para uma criança, isso significa que ela estava em seus pensamentos, enquanto você estava fora. Isso não significa que você deva dar à criança que tem essa linguagem de amor primária tudo o que ela pedir, para que se sinta amada. Significa que deve dar um número significativo de presentes ou a criança não se sentirá amada. Os presentes não precisam ser caros. É realmente pensar nela o que conta.

Linguagem do amor nº 5: Atos de serviço

Fazer coisas para a criança que você sabe que ela aprecia é outra das linguagens básicas do amor. Preparar-lhe refeições, lavar suas roupas, providenciar-lhe transporte, ajudá-la com o dever de casa e comparecer a algum evento esportivo da criança são todas expressões de amor. Para a criança cuja linguagem primária de amor são os atos de serviço, tais atos se tornam essenciais para o bem-estar emocional dela. Você consertar a bicicleta significa mais para a criança do que ela poder de novo andar de bicicleta; é aplicar o óleo do amor.

Gosto do conceito de "tanque de amor" do psiquiatra e autor Ross Campbell.[5] Ele acredita que dentro de cada criança há um tanque de amor emocional. Quando se sente genuinamente amada pelos pais, ela se desenvolverá normalmente e estará aberta a instruções e a treinamento. Quando o tanque de amor da criança está vazio e ela não se sente amada pelos pais, provavelmente se rebelará contra os esforços dos pais para orientá-la e discipliná-la.

Todas essas são expressões de amor válidas, mas não têm o mesmo valor para todas as crianças. Dessas cinco linguagens do amor, cada criança tem uma linguagem do amor primária e uma secundária. Essas duas linguagens são mais importantes para a criança do que as outras três. Se um pai ou uma mãe fala de forma consistente a linguagem do amor primária e a linguagem do amor secundária de uma criança, ela se sentirá amada. Se os pais não falarem essas linguagens de forma consistente e com regularidade, a criança pode sentir que não é amada, embora os pais estejam expressando amor por meio de qualquer uma das outras três linguagens. Não basta que os pais amem a criança. A questão é: "A criança se sente amada?". Todo conselheiro já encontrou crianças, mais novas e mais velhas, que dizem: "Meus pais não me amam. Eles amam meu irmão, mas não me amam". Em quase todos os casos, os pais amam a criança profundamente; o problema é que eles não falaram a linguagem de amor primária da criança. Assim, a criança cresceu com seu tanque de amor vazio.

Descobrindo as linguagens do amor dos seus filhos

Como você descobre a linguagem do amor primária dos seus filhos? Deixe-me sugerir três maneiras. Primeiro, observe como eles expressam amor a você. Se seu filho regularmente lhe diz que você é um bom pai ou uma boa mãe e que você faz um excelente trabalho preparando refeições, e assim por diante, sua linguagem do amor provavelmente são palavras de afirmação. Se sua filha está sempre lhe trazendo presentes que ela fez e embrulhou em papel de presente ou presentes que ela encontrou no quintal, então, sua linguagem do amor provavelmente é receber presentes. Se uma criança está sempre querendo abraçar e tocar você, suspeito que a linguagem do amor número um para ela seja o toque físico. Se ela quer continuamente ajudar os pais com seus afazeres em casa, então provavelmente sua linguagem do amor são os atos de serviço. Se ela constantemente quer brincar com você, ler livros com você e fazer coisas com você, sua linguagem do amor provavelmente é tempo de qualidade. Seus filhos estão dando a você o que eles próprios gostam de receber.

A linguagem do amor do meu filho é toque físico. Eu descobri isso quando ele tinha cerca de 4 anos. Quando eu chegava em casa à tarde, ele corria para mim, pulava no meu colo e bagunçava meu cabelo. Ele estava me tocando porque queria ser tocado. Quando vinha para casa passar o fim de semana, já um jovem adulto, ele ficava deitado no chão assistindo televisão. Quando eu andava pela sala e ele estava carente de amor, ele me fazia tropeçar nele. O toque físico ainda fala alto para meu filho.

Em contrapartida, a linguagem do amor da nossa filha é tempo de qualidade. Isso me motivou a passar muitas noites caminhando com minha filha, quando ela estava no ensino médio, conversando sobre livros, garotos e outros assuntos. Ela agora é médica, mas quando chega em casa para uma visita, ela diz: "Quer dar uma volta, pai?". Para ela, tempo de qualidade ainda comunica amor.

Meu filho jamais sairia para caminhar comigo. Ele sempre disse: "Caminhar é uma coisa idiota! Você não chega a lugar nenhum. Se quer ir a algum lugar, dirija". O que faz um filho se sentir amado não necessariamente fará outro filho se sentir amado. A chave é aprender a linguagem do amor primária de cada filho e falar essa linguagem com ele de forma consistente. Depois que você estiver falando suas linguagens do amor primária e secundária, pode usar um pouco das outras três linguagens ao longo do caminho. Elas lhes trarão bônus; mas não ouse negligenciar as linguagens do amor primária e secundária de seus filhos.[6]

Depois de prestar atenção no que seus filhos fazem por você, observe o que eles lhe pedem com mais frequência.

Esses pedidos serão um reflexo da linguagem do amor primária deles. Se, quando você for viajar, seu filho lhe disser: "Não se esqueça de me trazer alguma coisa", ele está lhe dando uma pista clara sobre sua linguagem do amor primária. Se ele perguntar com regularidade: "Como eu me saí, mãe?", ele está lhe dizendo que palavras de afirmação são sua linguagem primária. Se seu filho estiver sempre pedindo que você faça caminhadas com ele, brinque com ele ou faça coisas com ele, está revelando que sua linguagem primária é tempo de qualidade. Ouça os pedidos de seus filhos com atenção, até notar o surgimento de um padrão. Uma vez que você perceber uma das cinco linguagens do amor se destacando na lista das coisas que seus filhos lhe pedem, assuma que essa é a linguagem do amor deles e comece a se concentrar nela como sua linguagem do amor primária ou secundária.

Uma terceira pista é escutar sobre o que seus filhos reclamam com mais frequência. Se eles criticam você porque não brinca com eles ou porque não lhes traz presentes ou ainda porque não comenta a nota alta que eles tiraram no boletim, estão lhe dando uma pista sobre a linguagem do amor primária deles. As crianças são mais críticas em relação à área da vida que está relacionada à sua linguagem do amor primária.

Até que você tenha certeza das linguagens do amor primária e secundária do seu filho, concentre-se em uma linguagem diferente a cada mês e observe como seu filho reage durante o mês. Quando você está falando a linguagem primária da criança, ela tende a ficar mais receptiva a suas instruções e treinamento. Ela tende a ter um espírito mais positivo sobre a vida em geral e tende a promover a harmonia na família. Mas quando seu tanque do amor estiver vazio, a criança mostrará o seu pior lado.

6

O desafio do ensino criativo

Que pai ou mãe já não foi levado ao desespero com o fluxo aparentemente interminável de perguntas do tipo *o quê* e *por quê*, feitas por uma criança cheia de curiosidade? As crianças são naturalmente curiosas. O triste é que alguns pais mataram esse espírito inquisitivo com respostas do tipo "agora não" e "é assim porque eu disse que é".

O desafio dos pais que ensinam seus filhos é aprender a cooperar com o desejo natural da criança por conhecimento, e fazê-lo de forma a manter a mente da criança aberta para uma vida inteira de aprendizado. É por isso que uso o termo "ensino criativo". O desafio é criar uma atmosfera onde o desejo de aprender da criança e o desejo de ensinar dos pais fluam em um ritmo normal, tornando a experiência agradável para ambos. A alegria de aprender é uma fonte de prazeres sem fim para a criança que é ensinada de forma criativa. É essa fonte de alegria que os pais que ensinam buscam explorar.

Como pais, devemos aceitar a realidade de que ensinar nossos filhos consumirá uma parte de nossa vida. Em termos ideais, esse ensino será consistente e diário. Uma das grandes barreiras no mundo contemporâneo para o ensino parental é o tempo. Com a maioria dos pais trabalhando fora de casa, com os longos deslocamentos ou as inúmeras outras demandas de tempo que as famílias enfrentam, a mera pressão do tempo dificulta o ensino criativo.

Está além do escopo deste livro dar respostas específicas a essa luta pelo tempo. Mas tenho forte convicção de que devemos optar por reservar um tempo para ensinar nossos filhos. Em nossa sociedade, temos aproximadamente dezoito anos para levar as crianças da dependência total à independência relativa; dezoito anos para incutir nelas habilidades de aprendizagem que acreditamos que as ajudarão por toda a vida, e para compartilhar com elas nosso conhecimento e nossos valores, de tal forma que elas possam genuinamente avaliar e escolher seus próprios interesses e valores. Nossa tarefa é incalculável e digna de nossos melhores esforços, a fim de que reservemos um tempo para fazer um bom trabalho. Vamos examinar agora quatro áreas básicas do ensino criativo.

"Isto é importante"

Quando você pensa em ensinar, talvez o primeiro pensamento que lhe venha à mente seja instruir. Instruir é usar palavras para comunicar à criança algo que os pais acreditam ser importante. Envolve transmitir a história e as tradições familiares, o que se pode e o que não se pode fazer socialmente, fatos e teorias intelectuais, valores morais e espirituais e percepções práticas sobre todos os aspectos da vida que, segundo acreditamos, tornarão a vida da criança mais produtiva e significativa. O pai transmite à filha que, em nossa cultura, dirigimos do lado direito da estrada, usamos cintos de segurança e dirigimos no limite de velocidade. Ele garante à filha que, ao fazer isso, ela tem muito mais probabilidade de viver até a idade adulta. Os pais dão informações sobre sexualidade e saúde, sobre amigos e limites, sobre animais e plantas, sobre atitudes e comportamentos. É o que os antropólogos chamam de processo de enculturação. É ensinar uma criança a viver como parte da cultura. Envolve ensinar certas habilidades sociais, certos conjuntos de informações com base nos quais a criança pode construir uma vida bem-sucedida.

Em nossa sociedade, esse processo não é deixado apenas para os pais. A escola, a igreja e outras instituições sociais aceitam parte da responsabilidade de ajudar uma criança a se desenvolver e a encontrar seu lugar na sociedade. Contudo, em nossa sociedade altamente organizada e altamente tecnológica, os pais continuam a manter a responsabilidade fundamental de preparar os filhos para crescerem e sobreviverem no mundo atual.

Quando pensamos em instrução, visualizamos um professor em pé, na frente de uma sala de aula, dando explicações sobre como multiplicar, dividir ou fazer frações. Mas o bom ensino nunca se limita a monólogos. Sim, ele inclui instrução formal, mas também inclui conversa informal — diálogo. Não estamos simplesmente despejando informações nas cabeças de nossos filhos; estamos nos relacionando com seres humanos que têm sentimentos, pensamentos e escolhas a fazer. Portanto, a maneira mais eficaz de ensinar envolve o diálogo entre pais e filhos. Às vezes, os pais tomam a iniciativa: "Quero lhe contar algo que minha mãe me contou". Outras vezes, é a criança que toma a iniciativa: "Por que o urso dorme o inverno todo?". Ambas são abordagens válidas para o ensino. Nosso desafio é usar ambas de forma criativa. Então, se o ditado familiar ensinado pela vovó puder ser colocado em um cartão e dado à criança, junto com a discussão verbal da informação, a criança tem muito mais probabilidade de aprender o valor das palavras da avó. Na verdade, ela pode até mesmo colar o cartão no espelho em seu quarto e lê-lo até memorizá-lo.

Com o tempo, ela provavelmente aplicará a sabedoria da avó em sua própria vida.

Parte de toda a vida

No transcorrer normal da vida, quando encontramos tempo para dar instruções criativas? É difícil melhorar o antigo modelo hebraico, que instruía os pais a ensinarem seus filhos quando estavam sentados em casa, quando caminhavam pela rua, quando estavam se preparando para dormir e quando se levantavam todas as manhãs (Deuteronômio 6.7). Em outras palavras, o ensino criativo não se limita a um "período de ensino" específico durante o dia; faz parte de toda a vida. Deve ser feito a qualquer hora que estivermos acordados e juntos.

Tendo estudado a vida familiar judaica e ficado profundamente impressionados com a solidariedade da antiga família judaica, Karolyn e eu levamos a sério esse modelo de ensino parental. Poderíamos, em nossa cultura contemporânea, ensinar nossos filhos enquanto estávamos sentados em casa, caminhando pela rua, à noite antes de dormir e pela manhã? Descobrimos que esses quatro paradigmas de ensino se encaixam bem no mundo moderno, embora exijam esforço consistente.

De manhã. Embora preparar o café da manhã para a família tenha sido um tremendo ato de serviço da parte de Karolyn, este não era o melhor momento para ela ensinar as crianças (exceto por seu exemplo de serviço amoroso). Então, eu assumi a responsabilidade de ser o pai que as ensinava pela manhã. Nosso tempo era breve; eu os ensinava ao redor da mesa, geralmente no final da refeição. Lia uma breve passagem, discutia uma ideia, dava às crianças a oportunidade de fazerem perguntas ou comentários. Então, fazíamos uma breve oração.

Esse tempo de ensino raramente levava mais do que cinco minutos. Eu não diria que era o nosso melhor momento diário de ensino, mas era um momento em que todos nós podíamos nos conectar por um momento uns com os outros e com alguma ideia saudável. Isso nos permitia começar nosso dia separados com a consciência de que tínhamos estado juntos como família. Se o senso de família é sentido logo pela manhã, ele serve como um lembrete ao longo do dia de que sempre há uma família e um lar para onde voltar. Ainda que todo o conteúdo fosse esquecido, o senso de "família unida" era o suficiente para fazer esse tempo de ensino valer a pena.

Sentados em casa. Será que a família moderna em algum momento "fica sentada em casa"? Sim, nós nos sentamos e assistimos televisão ou ficamos olhando para telas de computador ou celular, embora raramente sentemos juntos, como pais e filhos, com o propósito de ensinar. Nós sentamos, mas não conversamos. Isso não quer dizer que a tevê e o computador não sejam veículos de instrução. Eles instruem e frequentemente o fazem de forma criativa, mas, a menos que o conteúdo seja cuidadosamente selecionado, eles podem não estar passando a instrução que os pais considerariam sensata. A menos que essas ferramentas modernas de instrução sejam usadas pelos pais como um meio criativo de instrução, elas podem se tornar inimigas da instrução parental, em vez de amigas.

Nossa família de fato se sentava em casa e conversava, pais e filhos trocavam ideias, sentimentos e experiências. Nosso principal momento em que ficávamos sentados em casa era na refeição da noite. Não era incomum passarmos uma hora após a refeição conversando. À medida que as crianças foram crescendo, essas discussões se tornavam mais longas. Quando voltavam da faculdade, esses momentos de bate-papo informal costumavam se estender por até três horas. Os amigos que acompanhavam nossos filhos nessas visitas de fim de semana ficavam surpresos que uma família pudesse se sentar e conversar por três horas. Muitos deles cresceram em famílias que nunca se sentavam e conversavam.

Quando ainda era um jovem pai, fiquei impressionado com uma declaração atribuída ao dr. Graham Blaine, psiquiatra-chefe da Universidade Harvard, que disse que o problema mais sério da televisão não era sua programação ruim, mas o fato de que ela destruíra a costumeira conversa das famílias no jantar. Quando as pessoas estão ansiosas para ver seu programa favorito, elas comem apressadas. O que aconteceu durante o dia, as pequenas coisas e os assuntos importantes, nada é discutido. Karolyn e eu estávamos comprometidos a manter a tradição de jantarmos juntos, e optamos por usar esse momento como um tempo de instrução.

Nossos filhos não o teriam reconhecido como instrução. Era um momento para conversar, um momento para ser família, um momento para ouvir os acontecimentos, sentimentos e frustrações da experiência diária uns dos outros. Havia tempo para desenvolver o senso de família e consolidar a realidade de que a família está sempre interessada nos acontecimentos do dia, nos pensamentos que trazemos na mente e nas decisões para o futuro. Confesso que, quando meus filhos estavam na adolescência, foi preciso um esforço sobre-humano para manter essa tradição. A refeição da noite tinha de ser remarcada, e oscilava entre 16h às 21h, dependendo de jogos de basquete, ensaios de teatro e aulas de piano. Mas achamos que valeu a pena o esforço, e nossos filhos, hoje crescidos, lembram-se dela como o momento do dia em que nos sentávamos juntos e conversávamos.

Caminhando pela rua. Quando Moisés sugeriu pela primeira vez esse paradigma para os pais hebreus de sua época, o principal meio de transporte era a caminhada. A humanidade sempre esteve "em trânsito". Independentemente de o sustento de alguém ser feito por meio da caça, da pesca e da colheita de frutos silvestres ou indo à cidade grande para fechar um negócio, as pessoas viajam. O que mudou foi apenas a maneira de viajar. É no carro que as famílias se deslocam de casa para a escola, a igreja, o shopping ou o jogo de futebol. Esses momentos são excelentes para o diálogo entre pais e filhos. Não é uma instrução formal, mas é uma instrução poderosa. É nesses deslocamentos que nossos filhos geralmente nos fazem perguntas com as quais estão se debatendo.

Às vezes, eles pedem informações, mas frequentemente fazem perguntas do tipo "por quê". Isso dá aos pais uma excelente oportunidade de discutir seus valores com a criança. Pais que não encontraram valores satisfatórios para a própria vida normalmente ficam frustrados com os porquês dos filhos e acabam evitando essas perguntas sempre que possível. Em contrapartida, pais que possuem valores firmes e se apegam a eles muito profundamente às vezes tendem a ser dogmáticos e dominadores quando tentam incutir seus valores em seus filhos. A melhor forma de transmitir valores para a próxima geração, no entanto, não é por meio de dogmatismo, mas sim por exemplo e diálogo. Deixe seus filhos observarem sua vida, e eles verão o que é importante para você. Deixe-os fazer perguntas e dê a eles respostas honestas, e assim terão a melhor oportunidade de internalizar seus valores. No final das contas, a criança em crescimento pode rejeitar ou acatar os valores parentais, mas o processo saudável é o diálogo. Esse diálogo ocorre com mais frequência nos contextos de vida informais, enquanto estamos a caminho para fazer outras coisas.

Antes de dormir. Em todas as culturas, homens, mulheres e crianças dormem. E em muitas culturas, o momento imediatamente anterior à hora de dormir é visto como um momento excelente para instrução parental. Em minhas jornadas antropológicas, observei índios Tzeltal, no sul do México, e índios Carib, na ilha de Dominica. Vi mães embalando crianças pequenas no colo, ao lado de uma fogueira, e cantando canções de ninar — que é instrução criativa no que tem de melhor. Vi pais reunirem crianças pequenas ao redor da fogueira e contarem histórias dos povos Carib e Tzeltal, o que fez com que as mentes jovens adormecessem sentindo-se seguras e sonhassem com anos distantes. O mundo contemporâneo moderno, embora esteja muito distante dessas fogueiras tribais, oferece as mesmas oportunidades de instrução.

Como crianças querem sempre adiar a hora de dormir, elas geralmente ficam ávidas por qualquer tipo de instrução. Canções, orações e histórias são caminhos para instruí-las antes da hora de dormir. Em nossa casa, John observou o seguinte ritual na hora de dormir. Karolyn ou eu nos sentávamos com as duas crianças no sofá, a tevê desligada (e a lareira ligada, no inverno), e líamos um dos vários livros de histórias que colecionamos ao longo dos anos. Depois da história, sempre havia perguntas — perguntas relacionadas à história ou perguntas que surgiam nas mentes jovens como um relâmpago clareando o céu e mal podiam esperar para serem feitas. Tínhamos um horário definido para dormir, mas estávamos dispostos a estendê-lo, se parecesse ser um momento propício para o aprendizado.

Depois, vinha a última ida ao banheiro e o último gole de água, antes de deslizar para baixo dos lençóis. Uma vez na cama, era hora das orações. A hora de dormir era escalonada: Derek, o mais novo, ia para a cama primeiro, e Shelley, a mais velha, ia para a cama de dez a quinze minutos depois. Isso permitia tempo para orações individuais com cada criança. Eles oravam pelo cachorro, Zaqueu; oravam por seus professores na escola; e oravam por qualquer outra coisa que ocorresse à sua mente criativa. Shelley sempre orava pelo dr. Al Hood, médico missionário na Tailândia. Agora que é médica, Shelley reconhece que seu interesse e suas orações pelo dr. Hood moldaram seu próprio desejo de se tornar médica. Sim, rituais para a hora de dormir são importantes.

Qualquer momento em que pais e filhos estiverem juntos é um bom momento para a instrução. A instrução criativa envolve usar os momentos informais em que pais e filhos estão juntos para conversar sobre ideias, sentimentos, desejos, lembranças ou sobre qualquer outra coisa que os pais considerem importante ou pela qual a criança expresse interesse. É o pai ou a mãe buscando conduzir a criança na magia do diálogo.

Encorajamento criativo

A segunda área de ensino criativo é o encorajamento criativo. A palavra *encorajar* significa "incutir coragem". Coragem é aquele estado de espírito que dá à criança a capacidade de explorar possibilidades, de correr riscos, de realizar o que outros podem achar impossível. A maneira como os pais ensinam os filhos tem muito a ver com o fato de as crianças serem encorajadas ou desencorajadas. Em famílias saudáveis, os pais dizem aos filhos muitas palavras de encorajamento.

Como pais, não devemos esperar até que a criança alcance a perfeição, antes de lhe dizermos palavras de encorajamento. Alguns pais temem que, se encorajarem seu filho pelo que consideram um trabalho medíocre, a criança nunca ultrapassará o nível da mediocridade. Na realidade, o oposto é verdadeiro. Se você deixa de encorajar os esforços nem tão perfeitos assim da criança, ela nunca atingirá seu potencial.

Precisamos aprender a dizer às crianças palavras de incentivo por seus esforços, não por resultados. Fazemos isso naturalmente quando as crianças são pequenas. Lembra-se da primeira vez que seu filho tentou andar? Ele estava de pé ao lado do sofá, e você estava a meio metro de distância, dizendo a ele: "Isso mesmo, você consegue. Isso mesmo, vamos lá. Tente. Você consegue, meu amor. É isso mesmo". A criança deu meio passo e caiu, e o que você disse? Você não disse: "Seu garoto idiota! Você não consegue nem andar?". Em vez disso, você bateu palmas freneticamente e disse: "Sim, sim! É isso mesmo! É isso mesmo, meu filho!". E a criança se levantou e tentou de novo, e, no devido tempo, ela andou.

Foi seu encorajamento pelo esforço que incutiu na criança a coragem de tentar de novo. Como é triste nós esquecermos essa técnica de ensino criativo à medida que a criança cresce. Entramos no quarto de Sophie e vemos doze brinquedos espalhados pelo chão. Pedimos calmamente a Sophie para, por favor, colocar seus brinquedos na caixa de brinquedos. Voltamos em cinco minutos. Sete brinquedos estão na caixa e cinco estão no chão. Temos uma opção. Podemos dizer-lhe palavras de reprovação, como, por exemplo: "Eu já disse a você, Sophie, para colocar esses brinquedos na caixa de brinquedos".

Ou podemos escolher palavras de encorajamento: "Isso! Sete brinquedos já estão na caixa". Aposto que os outros cinco vão logo estar na caixa também. Palavras de incentivo motivam comportamentos positivos; palavras de reprovação reprimem o esforço.

Anos atrás, fui ao hospital para visitar um garoto de 13 anos que estava com úlceras estomacais. Em um esforço para descobrir a dinâmica emocional em sua vida, fiz a pergunta:

— Como você se dá com seu pai?

— Não muito bem — ele respondeu.

— Você pode me dar alguns exemplos? — perguntei.

— Se eu tiro B no meu boletim, meu pai sempre diz: "Você deveria ter tirado A. Você é mais inteligente do que isso". Se estou jogando bola e chuto na trave, meu pai diz: "Você deveria ter feito um gol. Não sabe chutar direito?". Se eu corto a grama, quando termino meu pai sempre encontra algo errado no meu trabalho, e diz coisas como: "Você não cortou debaixo dos arbustos. Não consegue ver a grama debaixo dos arbustos?". Eu nunca faço nada certo.

Eu conhecia o pai do menino. Por todos os padrões objetivos, ele seria considerado um bom pai. Eu sabia de suas intenções. Ele estava tentando comunicar ao filho: "Quando jogar bola, dê o seu melhor. Quando for à escola, mostre seu potencial. Quando fizer um trabalho, faça direito". Sem dúvida, ele se lembrava das palavras de seu próprio pai, que lhe dizia: "Se é um trabalho que vale a pena ser feito, vale a pena fazê-lo direito". O pai estava tentando incentivar seu filho a buscar a excelência em todas as áreas da vida, mas você entende o que esse filho estava ouvindo? "Eu nunca faço nada certo." As palavras bem-intencionadas do pai serviam como fonte de desencorajamento para o filho adolescente e criaram um profundo tumulto emocional dentro dele.

O momento de ajudar uma criança a transformar um B em um A não é o dia em que ela chega com o boletim em casa. Esse é o dia de elogiar a criança pelo B que ela tirou. Três dias depois, quando o boletim já tiver sido devolvido à professora, os pais podem dizer: "Michael, você fez um bom trabalho. Tirou um B em matemática. O que você acha que poderíamos fazer para transformar esse B em um A no próximo trimestre?". Seu elogio pelo esforço passado provavelmente o encorajará a buscar o objetivo maior. O momento de ensinar a criança a transformar o chute na trave em um gol não é no dia em que ela chuta na trave. Esse é o dia de gritar seus elogios da lateral do campo: "Isso! Quase fez o gol!". Duas tardes depois, você pode mostrar a ele, no quintal de casa, como chutar melhor e transformar um chute na trave em um gol. O momento de ensinar uma criança a cortar a grama debaixo dos arbustos não é o dia em que ela termina de cortar a grama. Esse é o dia de elogiá-la pela grama cortada. "Ei, Mike, bom trabalho, cara! O jardim ficou ótimo. Obrigado por cortar a grama." No próximo sábado, quando ele começar a cortar a grama de novo, o pai pode dizer: "Michael, está vendo essa grama debaixo dos arbustos? É difícil de cortar. Você tem que entrar com o cortador debaixo dos arbustos e sair, mas tenho certeza de que consegue. Você está fazendo um ótimo trabalho". Posso praticamente lhe garantir que a grama debaixo dos arbustos será cortada. As crianças respondem a palavras de incentivo. Essas palavras incutem coragem para alcançar níveis mais altos de seu potencial. Em uma família saudável, palavras de encorajamento são um estilo de vida.

Quando nossos filhos eram pequenos e nos mudamos de casa, descobri esta carta a seguir, enquanto vasculhava algumas caixas velhas. Eu a escrevi para Derek depois que ele teve um dia bastante desanimador no jogo de basquete.

Querido Derek,

Eu sei que o jogo de ontem à noite foi uma grande decepção para você, e com razão. Toda vez que não temos um desempenho tão bom quanto sabemos que podemos ter, é desanimador. Um retrocesso na busca de atingir nossos objetivos é sempre difícil. Eu sei disso porque eu mesmo já tive alguns na vida.

Hoje de manhã, eu estava pensando em personagens bíblicos que passaram por reveses: (1) José, quando seus irmãos o venderam como escravo; (2) José, quando a esposa de Potifar o acusou falsamente; (3) Abraão, quando ele mentiu e disse que sua esposa era sua irmã; (4) Pedro, quando ele negou que conhecia Cristo. Eu sei que eles devem ter se sentido mal com seus reveses também. Mas todos eles se tornaram grandes homens para Deus.

Eu sei que você não é de desistir. Eu sei que você vai se recuperar e dar o seu melhor. Mas eu queria que você soubesse que entendo seu desânimo.

Eu te amo muito e tenho orgulho de você, não importa como jogue. Você tem caráter e é isso que realmente importa — no basquete e na vida!!!

Com amor,
Papai

Palavras de encorajamento, escritas ou faladas, ficam gravadas na mente das crianças por muito tempo depois de serem esquecidas pelos pais que as falaram.

Correção criativa

A terceira área do ensino criativo é a correção criativa. Em uma família amorosa, os pais corrigem quando necessário. Mas é importante que a correção seja feita de forma criativa. Lembre-se: nosso objetivo é ensinar de forma a aguçar o apetite. Queremos incentivar a criança a ter um comportamento positivo. A correção pode ser feita de forma negativa ou positiva. Vamos analisar um padrão positivo de correção.

Primeiro, precisamos ter certeza de que não estamos corrigindo um comportamento que não precisa ser corrigido. Em nossos esforços para ensinar nossos filhos, às vezes reprimimos a criatividade em favor da conformidade. Criatividade é o dom maravilhoso de pensar fora da caixa. É nossa criatividade que nos permite desenvolver a singularidade incutida em cada um de nós. Reprimir essa criatividade é fazer com que as crianças pareçam um pacote de bolachas, todas iguais, em vez de flocos de neve, um diferente do outro. O dr. Howard Hendricks, que dá palestras por todo o país sobre o tema da criatividade, conta sobre uma criança que desenhava flores com carinhas. O professor lhe disse:

— Johnny, flores não têm rosto.

Ao que Johnny respondeu:

— A minha flor tem!

A criatividade do menino ainda está viva, mas, se seu professor for bem-sucedido, as flores de Johnny logo acabarão se parecendo com as flores de todas as outras crianças. Em uma família saudável, buscamos corrigir apenas os tipos de comportamento que são destrutivos e prejudiciais ao desenvolvimento da criança. Não estamos tentando destruir as expressões de criatividade da criança que são únicas, singulares.

Uma boa pergunta para os pais se fazerem é: "O comportamento que estou prestes a corrigir é realmente nocivo para meu filho? Será prejudicial para o futuro dele, se eu permitir que continue?". Se a resposta for sim, então a correção é necessária. Se a resposta for não ou se você ficar em dúvida, então é hora de analisar mais o comportamento da criança. Talvez você encontre uma oportunidade de encorajar o desenvolvimento da criatividade e da imaginação. Por exemplo, o professor poderia ter reagido à flor com carinha de Johnny, pedindo ao menino para explicar o que a flor está dizendo. Johnny poderia, então, usar sua imaginação para expressar em uma mensagem algo que provavelmente revelaria um pouco de seus próprios pensamentos e sentimentos e daria ao professor uma percepção maior sobre o que está se passando dentro da mente de Johnny. Fazer perguntas antes de decidirmos pela correção é uma precaução que pais saudáveis aprenderam.

Supondo que a correção seja necessária, devemos corrigir por amor, não por raiva descontrolada. O amor busca o bem-estar da criança e acredita que a correção dada é para o benefício de longo prazo da criança. Expressões de raiva descontrolada são simplesmente um desabafo de nossa própria frustração e podem ser extremamente nocivas para a criança. Não estou sugerindo que um pai nunca deva ficar irado com um filho; isso é irreal. Raiva é a emoção que brota dentro de nós quando percebemos que a criança fez algo errado, como quando ela se recusa a seguir nossas instruções ou interpreta nosso "não" como um "talvez", que pode vir a se transformar em um "sim", se ela implorar por tempo suficiente.

A raiva é uma emoção perfeitamente normal e muitas vezes saudável. Seu propósito é nos motivar a tomar atitudes construtivas; no entanto, os pais muitas vezes permitem que sua raiva fique fora de controle e acabe em palavras e comportamentos destrutivos. Se você ficar irado com seu filho e acreditar que ele precisa de correção, fará muito melhor se contiver sua resposta inicial, der a si mesmo um tempo para se acalmar, e então voltar para corrigir verbalmente a criança e aplicar outra forma adicional de disciplina, se for necessário.

O amor faz a pergunta essencial: "A correção que estou prestes a aplicar beneficiará meu filho (ou toda a família/comunidade)?". É essa realidade que deve ser comunicada à criança, em nossos esforços para corrigi-la. "Eu te amo muito. Eu te amo muito mesmo. E quero que você continue vivo até ficar adulto. Portanto, você nunca mais deve andar de bicicleta sem capacete. Entendeu?" Se, após essa correção amorosa, você entregar à criança um recorte de jornal com a notícia de um adolescente que morreu ao cair de uma bicicleta, é provável que você tenha uma criança que vai usar capacete para sempre.

A correção criativa também deve procurar explicar. Normalmente, a repreensão não corrige o comportamento. Em vez disso, ela condena e afasta as crianças. Assim que a criança tiver idade suficiente para entender, devemos procurar explicar o comportamento errado e dar instruções para o futuro. Nosso propósito não é humilhar a criança xingando-a; nosso propósito é corrigi-la, para que ela possa se tornar um indivíduo responsável. Chamar uma criança de "estúpida" revela mais sobre a nossa própria inteligência do que sobre a da criança. Nenhum adulto que raciocina direito desejaria transmitir tal ideia a uma criança. Isso não significa que, se tivermos recorrido a xingamentos, seremos pais disfuncionais para sempre. Significa que devemos tomar medidas para confessar à criança que erramos. "Sinto muito por ter perdido a paciência e lamento especialmente ter chamado você de 'estúpido', porque isso não é verdade. Você é uma criança muito inteligente. Eu que fui descuidado ao usar essa palavra. Fiquei chateado e não consegui me controlar, antes de começar a falar. Quero pedir que me perdoe. Quero ajudar você a se tornar uma pessoa ainda mais sábia do que é hoje, e quero continuar a aprender como ser um bom pai." Essas são palavras de um pai que é sábio de fato. As crianças estão dispostas a perdoar nossas falhas, se estivermos dispostos a admiti-las.

O terceiro princípio da correção criativa é que lidamos apenas com o assunto do momento. Não trazemos à tona falhas passadas. Apontar para uma criança todas as suas falhas passadas antes de corrigi-la por sua falha atual é dizer que ela deve realmente ser um fracasso. Quantas vezes Thomas Edison falhou antes de inventar a lâmpada? Ninguém chama Edison de fracassado, embora ele tenha falhado muito mais vezes do que teve sucesso. Seu filho pode ser um Edison. Não o desencoraje apontando suas falhas passadas diante dele.

Para os pais que tendem a ser perfeccionistas, devo acrescentar este alerta: por favor, não esperem perfeição de seus filhos. Máquinas podem funcionar perfeitamente, ao menos se tudo estiver em ordem, mas seu filho não é uma máquina. Ele ou ela é um ser humano, repleto de potencial e de dificuldades. É tarefa dos pais ajudar a criança a contornar suas dificuldades em um esforço para atingir seu potencial. Fazemos isso melhor não quando exigimos perfeição, mas quando encorajamos o esforço e fazemos correções, quando necessárias.

Encorajar a tentar de novo é muito mais produtivo do que dizer: "Bem, você falhou novamente. Por que não desiste?" ou "Deixa que eu faço isso para você". A filosofia "Deixa que eu faço isso para você" na criação de filhos produz crianças medrosas, passivas e improdutivas. Quando os pais "assumem o controle", eles sufocam a iniciativa da criança de aprender. Lembre-se, nossa tarefa como pais não é fazer o trabalho; nossa tarefa é aguçar o apetite de nossos filhos para que eles fiquem altamente motivados a experimentar a alegria de aprender e se tornem adultos produtivos.

Se a criança tende a ficar facilmente desencorajada em seus esforços e parece ser excessivamente sensível a críticas, os pais podem querer apresentá-la a biografias de pessoas como Thomas Edison, Helen Keller, Babe Ruth e George Washington Carver, exemplos que são verdadeiros monumentos do que pode ser alcançado por meio do fracasso. O fracasso é nosso amigo, não nosso inimigo. Cada fracasso nos ensina outra maneira de não se fazer algo. Com uma nova percepção, chegamos mais perto da verdade. Por meio dessas biografias, a percepção das crianças sobre o fracasso pode tomar um rumo positivo.

Afirmação criativa

A quarta área do ensino criativo é a afirmação criativa. Afirmar verbalmente nossos filhos difere de usar palavras de encorajamento, pois estas últimas são tipicamente vinculadas às ações da criança, enquanto a afirmação consiste em reafirmar a própria criança. "Eu te amo", "Você é maravilhosa", "Gosto do seu cabelo", "Seus olhos são lindos", "Você tem uma mente aguçada", "Você é alto e bonito", "Você é forte" são todas palavras de afirmação sobre quem a criança é. Em famílias saudáveis, os pais buscam desenvolver uma autoestima saudável apontando atributos positivos da personalidade, do corpo ou da mente da criança. Afirmar é acentuar o que é positivo. Não estamos ignorando o que é negativo, mas estamos buscando afirmar a criança, em um esforço para superar as mensagens negativas que ela receberá de colegas e da autoanálise.

As crianças de hoje se comparam com os modelos atléticos e fotogênicos que veem na tevê e nas mídias sociais. Se comparadas a esses padrões de perfeição, quase todas as crianças ficam aquém. É tarefa dos pais ajudar a criança a desenvolver uma autoestima saudável, em um mundo que exalta o belo, o inteligente e o atlético e deixa o resto de nós, cidadãos comuns, chafurdando em sentimentos de inferioridade. Como pais, devemos contrabalançar esse desequilíbrio.

— De todas as coisas que eu digo a você, o que mais gosta de ouvir? — uma mãe perguntou ao seu filho de 8 anos.

— Quando você me diz o quanto eu sou forte — ele respondeu com um sorriso se espalhando pelo rosto.

Nessa rápida conversa, uma mãe aprendeu o poder das palavras de afirmação. Pais que ensinam com criatividade buscam afirmar o valor de seus filhos por meio de afirmações verbais.

7

O desafio do treinamento consistente

Em meus estudos antropológicos pessoais nunca observei uma cultura em que não se espera que os pais forneçam orientação aos filhos. A realidade biológica é que a criança humana nasce praticamente indefesa. Se for deixada por conta própria, essa criança certamente morrerá. A nutrição começa com o primeiro toque carinhoso da mãe amamentando seu bebê. A pesquisa é fartamente clara no sentido de que bebês que são tocados e acariciados desenvolvem sentimentos mais saudáveis de segurança do que bebês que recebem pouco contato tátil. Assim, a orientação infantil pela ação parental começa nas primeiras horas de vida de uma criança. Em nossa sociedade, ela continua por pelo menos dezoito anos.

Temos dezoito anos para levar uma criança do estado de dependência total a um estado de independência relativa. Em famílias funcionais, os pais reconhecem e aceitam prontamente essa responsabilidade do treinamento. Esse treinamento geralmente requer mais tempo do que instruções verbais. *Dizer* a uma criança como fazer algo é mais fácil e leva menos tempo do que *mostrar* a ela como fazê-lo, observar seu comportamento e fazer recomendações adicionais para que melhore.

Esse processo de treinamento envolve não apenas treinamento em certas habilidades como ler, escrever, tomar banho e andar de bicicleta, mas também envolve ensinar a criança a reagir a emoções como medo, raiva e decepção. Envolve o desenvolvimento do caráter com ênfase em valores fundamentais, como honestidade, trabalho árduo e coragem. Se esse é um trabalho que exige muito dos pais, também é gratificante. A recompensa está na qualidade de vida que a criança tem, e o benefício colateral é que o treinamento da criança afeta positivamente a sociedade em geral. Como o dr. Karl Menninger disse certa vez: "O que se faz para as crianças, elas farão para a sociedade".[7] Treinar uma criança é de fato um esforço nobre. Como, então, podemos ter sucesso em uma responsabilidade tão incrível?

Nós treinamos pelo nosso exemplo

Vamos começar do começo. A primeira e principal forma pela qual nossos filhos aprendem é pelo nosso exemplo. Eles estão sempre observando nossas ações, nosso estilo de vida. Se o que falamos não é consistente com o que fazemos, eles são os primeiros a reconhecer e, geralmente, a nos dizer isso. Alguém sugeriu que até um menino completar 15 anos, ele faz o que seu pai diz; depois dessa idade, ele faz o que seu pai faz. Esse pensamento é ao mesmo tempo assustador e maravilhoso para a maioria dos pais. É assustador saber que temos um impacto tão tremendo na vida de nossos filhos, mas é encorajador perceber que, não importa o que saibamos ou não sobre a criação de filhos, se vivermos vidas dignas de serem imitadas, influenciaremos poderosamente nossos filhos em uma direção positiva. Atribui-se a Abraham Lincoln esta frase: "Não considero pobre nenhum homem que tenha tido uma mãe piedosa". Quem nós somos fala alto para nossos filhos, e talvez seja nosso método mais poderoso de treinamento.

Deixe-me dar um exemplo pessoal. Durante todos os meus primeiros anos da infância, meu pai trabalhou no terceiro turno em uma fábrica têxtil, entrando no trabalho às 23h e saindo às 7h. Todas as manhãs, enquanto eu me preparava para ir para a escola, ele se preparava para ir para a cama. Parte da sua rotina matinal era orar, ajoelhado ao lado da cama ou no banheiro. Meu pai tinha o hábito de orar em voz alta. Não que ele gritasse, mas orava alto com voz normal. Enquanto eu me arrastava do meu quarto para a cozinha, frequentemente o ouvia orar. Às vezes, eu o ouvia orar por mim. Eu sabia que orar era importante para ele, e se tornou importante para mim. Tornou-se tão importante que mesmo meus estudos de graduação e pós-graduação em antropologia, filosofia e história, nos quais havia pouco espaço para oração, não apagaram meu compromisso pessoal com o exemplo do meu pai.

Não quero dizer que nosso exemplo determinará as práticas de nossos filhos ao longo da vida. O determinismo não é consistente com a liberdade humana. Quero dizer que nosso exemplo, de fato, terá uma influência poderosa sobre nossos filhos e que, de fato, a influência dele nunca será esquecida. A pergunta mais séria que já passou pela minha cabeça como pai é esta: "E se meus filhos acabarem sendo como eu?". Essa pergunta deixou mais fáceis muitas escolhas morais difíceis. Não digo que eu tenha alcançado isso, mas meu objetivo claro é viver de tal forma que eu não venha a ficar envergonhado se minhas escolhas forem imitadas por meus filhos.

Isso não significa que as crianças não possam aprender com pais que sejam um modelo negativo. Correndo o risco de entediá-lo com a minha vida, deixe-me ser pessoal novamente. Meu avô era alcoólatra. Ele também trabalhava em uma fábrica têxtil, mas depois de muitos anos de serviço, ele trabalhava no primeiro turno, entrando às 7h e saindo às 15h. Parecia-me, aos 10 anos de idade, que ele vivia para os fins de semana e vivia para beber. Toda sexta-feira à tarde, ele caminhava cerca de um quilômetro até o Goat Turners, o ponto de encontro local para homens da sua idade. Ele bebia até escurecer e, então, tentava voltar andando para casa.

Em várias ocasiões, alguém da vizinhança batia em nossa porta, chamava meu pai e lhe dizia que meu avô estava caído em alguma calçada e precisava de ajuda. Em várias ocasiões, acompanhei meu pai enquanto ele tirava meu avô da calçada, o levava para casa apoiado em nossos ombros, lhe dava banho e o colocava na cama. Quando era adolescente, perdi todo o desejo de consumir álcool e confesso francamente que nunca tive a tentação de beber. Como adulto, já mais velho, hoje reconheço que essa decisão me poupou milhares de dólares ao longo dos anos e provavelmente salvou minha vida. Devo todos esses benefícios ao meu avô. Seu exemplo falou alto e eu entendi a mensagem.

Aqueles que cresceram com o que consideram modelos parentais ruins e que leram a pesquisa que aponta que filhos de alcoólatras têm mais probabilidade de se tornarem alcoólatras, que filhos de pais abusivos têm mais probabilidade de abusar e assim por diante, animem-se. A liberdade individual da pessoa é uma realidade. Embora você possa ser mais propenso, dos pontos de vista psicológico e físico, ao comportamento modelado por seus pais, não necessariamente você repetirá seus estilos de vida destrutivos. Sua escolha de trilhar outro caminho, o encorajamento de amigos e a ajuda de Deus podem influenciá-lo na direção oposta. Você pode ter vindo de uma família disfuncional e se tornar um pai funcional. Uma das características maravilhosas de sermos humanos é podermos mudar nosso rumo na vida.

Nossa escolha de mudar se torna um modelo positivo para nossos filhos. Lembro-me do dia em que meu pai parou de fumar. Estávamos pintando um quarto juntos. Sua tosse seca se agravava. Ele estava na escada, quando colocou a mão no bolso para pegar outro cigarro, mas, em vez de acendê-lo, ele o torceu e jogou no chão. Pegou o meio maço restante que estava no bolso, torceu o maço inteiro, jogou no chão e disse: "Este é o último cigarro que vou fumar. Não preciso dessas coisas". Ele nunca mais fumou. Sempre o admirei por essa decisão. Ele demonstrou para mim a realidade da liberdade humana de escolher o caminho mais elevado e me treinou por meio de seu exemplo.

Nós treinamos mostrando como

Ele tinha apenas 6 anos (sei sua idade porque ele me contou), cabelos loiros e olhos azuis, e estava empolgado. Imaginei que seu pai tivesse entre 20 e 30 anos ou uns 30 e poucos anos. Eles eram os únicos que estavam no lago antes de eu chegar. Eles não me conheciam e eu não os conhecia, mas Brent, o menino de 6 anos, estava ansioso para me mostrar o peixe que havia pescado e me informar que seu pai o estava ensinando a pescar. Seu pai sorriu afirmativamente e, depois de mais algumas exclamações de admiração pela pesca de Brent, continuei andando em volta do lago, consciente de que tivera o privilégio de observar uma sessão ao vivo e em cores de treinamento parental.

É possível sentar-se na sala de estar com seu filho e dizer a ele como se pesca, mas é muito mais eficaz levá-lo até o lago e mostrar a ele como se faz. Os times de futebol podem assistir a videoclipes, elaborar estratégias e entender melhor o time adversário, mas as habilidades reais são aprendidas no campo de treinamento. Arrumar camas, lavar louça, esfregar o chão e lavar carros são tarefas que podem ser mais bem aprendidas por meio de treinamento com a mão na massa.

Grande parte da educação parental pré-escolar se enquadra na categoria de treinamento, de mostrar como fazer as coisas. Nós os ensinamos a contar bolinhas de gude ou maçãs tocando nos objetos e dizendo: "Um, dois, três, quatro…". Em pouco tempo, eles estão tocando os objetos e dizendo: "Um, dois, três, quatro…". Quando nossa filha, Shelley, nasceu, a moda do momento era "Ensine seu filho a ler" antes de mandá-lo para a escola. Karolyn fez cartões com as palavras *dedos, joelho, nariz, mão, porta, maçã, laranja* etc. Várias vezes ao dia, Shelley pedia para ver os cartões e queria "lê-los". Em pouco tempo, ela estava reconhecendo as palavras em livros que líamos juntos e, antes de ir para a escola, ela estava de fato lendo. Karolyn a ensinou a ler "mostrando-lhe como".

Em praticamente todas as culturas, as crianças aprendem as habilidades básicas da vida com seus pais. Seja caçar macacos, plantar inhames ou encontrar frutas, são os pais que mostram a elas como fazer.

Nós treinamos combinando ações e palavras

E. V. Hill, o falecido pastor de uma grande congregação no centro-sul de Los Angeles, contava a seguinte história. Ele estava no início da adolescência, quando chegou em casa bêbado uma noite. Ao entrar em seu quarto, vomitou no chão todo. No torpor causado pelo álcool, desabou na cama e adormeceu. Sua mãe, observando toda a cena, o deixou dormir.

De manhã, no horário adequado, no entanto, E. V. foi acordado com a instrução de sua mãe:

— E. V., levante-se. Limpe este chão. Tome um banho. Você e eu vamos viajar.

— Eu não quero viajar — disse E. V.

Sua mãe retrucou:

— Eu não perguntei se você queria viajar. Eu disse: "Você e eu vamos viajar". Agora limpe este chão e tome um banho.

E. V. começou a trabalhar e no devido tempo estava pronto para a viagem. No final da manhã, ele e sua mãe embarcaram no metrô para um destino que E. V. desconhecia. Saindo da estação, ele se viu em Skid Row, região de Los Angeles conhecida pelo consumo desenfreado de drogas. Sua mãe cozinhava ali em uma das missões de resgate, duas noites por semana; por isso, muitos dos homens em Skid Row a conheciam. Enquanto mãe e filho caminhavam pela calçada, os homens a cumprimentavam:

— Boa tarde, Mama Hill.

Um homem perguntou:

— Por que você está aqui tão cedo?

Ela respondeu:

— Este é meu filho, E. V. Ele começou a beber e está planejando morar aqui. Eu queria que ele viesse e visse como é antes de escurecer.

O pastor Hill confessava: "Essa foi a última vez que tomei bebidas alcoólicas". Sua mãe era uma treinadora eficaz (entrelaçava ações e palavras). Uma palestra sobre os males do álcool não teria tido o mesmo efeito.

Quer estejamos corrigindo comportamentos que acreditamos serem destrutivos, quer estejamos ensinando história ou moral às crianças, ações ligadas a palavras são mais eficazes do que palavras sozinhas. Por exemplo, digamos que você esteja ensinando a seus filhos algo sobre a história da América e queira que eles conheçam as raízes morais religiosas de nossa nação. É possível dar-lhes uma aula e também é possível mostrar-lhes livros de história. Mas isso teria o mesmo efeito do que pegar um trem para Washington, D.C., ir até o lado sul do Lincoln Memorial e ler as próprias palavras de Lincoln inscritas nas paredes de granito? "Que esta nação, sob Deus, tenha um novo nascimento de liberdade; e que o governo do povo, pelo povo, para o povo, não pereça da terra."

A família que visita Washington, D.C., também pode caminhar até o lado norte do Lincoln Memorial e ler: "Como foi dito há cerca de 3.000 anos, ainda deve ser dito: 'Os julgamentos do Senhor são verdadeiros e justos por completo'". Eles podem visitar o Jefferson Memorial, nas margens sul da enseada Tidal Basin, e ler as palavras de Jefferson: "Nenhum homem deve [...] sofrer por causa de suas opiniões ou crenças religiosas, mas todos os homens devem ser livres para professar e, por meio de argumentos, manter sua opinião em questões de religião".

As palavras específicas das inscrições podem ser esquecidas, mas a imagem visual de ter estado no local do monumento com a família e de ter lido essas palavras sempre será uma lembrança positiva. E se a criança tomou nota das inscrições, quando redigir um trabalho no ensino médio, é provável que você a veja pegando suas anotações antigas e incluindo-as em seu trabalho de história.

Seja lá o que você estiver tentando ensinar, fazer esta pergunta sempre ajuda: "O que eu poderia fazer com meu filho para tornar esta lição mais eficaz?". As crianças aprendem melhor por meio de experiências práticas. Se você quer que seus filhos conheçam a trágica realidade da desumanidade do homem para com o homem, leve-os ao Museu do Holocausto, em Washington, D.C., ou a Israel. Eles jamais se esquecerão da experiência.

Combinar ações e palavras é extremamente eficaz no treinamento de crianças. Isso é verdade tanto para ensinar habilidades quanto para moldar o caráter. Fazer coisas com seus filhos, mesmo que não haja um objetivo educacional específico, é, na verdade, ensinar a seus filhos o valor dos relacionamentos. Em famílias funcionais, pais e filhos fazem coisas juntos. Às vezes, essas atividades têm objetivos educacionais específicos em mente. Outras vezes, são feitas simplesmente "por diversão", mas todas as atividades em família são, na verdade, momentos de treinamento para as crianças. Talvez o mais básico que estamos passando a eles seja um modelo de criação de filhos que enfatiza que pais e filhos são família e que famílias fazem coisas juntas.

Usar sua criatividade para fazer desse "tempo juntos" também um "tempo de aprendizado" pode ser um verdadeiro desafio, mas as recompensas são duradouras. Até mesmo as coisas mais banais podem ser transformadas em experiências de aprendizado divertidas, se você for criativo. Uma família me disse que, quando chega a hora de limpar a casa, eles fazem de conta que a família é uma empresa de limpeza profissional que está limpando a casa de outra pessoa. Eles se organizam e atribuem responsabilidades. O supervisor, normalmente um dos pais (mas pode ser um adolescente mais velho), garante que cada trabalho seja feito "com qualidade". No horário marcado, eles fazem um intervalo e todos ganham algo para comer. Quando a tarefa é concluída, eles fazem uma caminhada juntos e conversam a respeito do que aprenderam sobre a vida com seu trabalho de limpeza.

"As crianças geralmente aprendem coisas que nem pretendíamos ensinar", disse a mãe. "Por exemplo, houve uma vez em que nosso filho de 9 anos disse: 'Descobri que, se você não deixar cabelos na pia, fica mais fácil para a pessoa que deve limpar a pia'. Não era uma lição que pretendíamos ensinar, mas certamente ficamos felizes que ele aprendeu. E, de fato, daquele momento em diante, ele sempre tirava os cabelos da pia, toda vez que saía do banheiro."

Em uma família amorosa, os pais orientam seus filhos por meio do treinamento consistente, desde a infância até a adolescência. Nosso próprio exemplo — seja intencional ou não — é nosso método mais eficaz de treinamento.

Aprendendo a ensinar e a treinar

Posso até ouvir alguns pais dizerem: "Espere aí. Pare esse trem que eu quero descer. Meus pais não eram instruídos, mas eles simplesmente nos amavam, e nos saímos bem. Então por que fazer tanto alarde sobre isso? Não estamos tornando a criação de filhos algo excessivamente complicado?".

Devo confessar que tenho alguma simpatia por esse jeito de pensar. Mas existem algumas razões bem reais pelas quais os pais de hoje devem ser muito mais intencionais no processo de criação dos filhos. No padrão tradicional, em culturas em que a maioria das pessoas não era alfabetizada, a cultura era muito mais homogênea. A população em geral mantinha um padrão de vida que era aceito por todos. O certo era certo e o errado era errado, e a maioria das pessoas concordava sobre o que se enquadrava em cada uma dessas categorias. Os pais, a escola, a igreja e os vizinhos concordavam sobre o que era um comportamento adequado para as crianças, e cada um desses atores sociais reforçava os outros. Se os pais amassem seus filhos, suprissem suas necessidades físicas e "fizessem o que era natural" na criação dos filhos, estes provavelmente se sairiam bem. Parte desse padrão familiar envolvia a autoridade parental; as crianças eram ensinadas a respeitar seus pais e outros adultos. Como todos estavam ensinando à criança os mesmos princípios, não era difícil para a criança entender e aprender a viver dentro dessa estrutura.

No entanto, o mundo de hoje é radicalmente diferente. Não temos mais um sistema de pensamento ou um estilo de vida que seja aceito e com o qual toda a sociedade concorde. As mensagens que competem pela atenção das crianças são frequentemente contraditórias. O estilo de vida do vizinho que mora ao lado (ou mesmo o que a criança observa na igreja) pode ser radicalmente diferente do estilo de vida da família dela. A criança pode ficar extremamente confusa; portanto, a orientação dos pais hoje é mais essencial do que em eras anteriores.

O que continua sendo verdade em todas as sociedades é que os pais têm a responsabilidade primordial de ensinar e de treinar os próprios filhos. Apesar do fato de que, na cultura ocidental contemporânea, a escola se tornou um ator importante, na minha opinião os pais não devem abdicar dessa responsabilidade. Quem interpretará as mensagens que a criança ouve na escola, na tevê, on-line, na igreja e no bairro em que mora? Acredito que essa seja a responsabilidade dos pais. Para aqueles de nós que seguem a tradição judaico-cristã e acreditam que os Dez Mandamentos servem como base para a fibra moral da sociedade, nosso papel como pais se torna extremamente importante na sociedade pluralista moderna. Portanto, é verdade que as demandas para a criação de filhos são muito maiores hoje do que nas gerações passadas. Não podemos mais simplesmente fazer o que achamos natural com nossos filhos. A criança de hoje está muito exposta a estilos de vida perigosos e destrutivos. Se realmente amamos nossos filhos, somos compelidos a ensiná-los e a treiná-los de acordo com os princípios que acreditamos serem verdadeiros. Este capítulo é para aqueles de vocês que sinceramente desejam aprimorar suas habilidades em ensinar e treinar seus filhos.

Aplique em casa

Sei que estou escrevendo para muitas pessoas que são altamente qualificadas em ensino e treinamento. Alguns de vocês são professores e não só têm formação acadêmica em educação, mas deram aulas por alguns anos em escolas públicas ou privadas. Alguns de vocês têm se dedicado a educar seus filhos pelo sistema de ensino doméstico, ou *homeschooling*, há anos. Outros de vocês têm profissões que exigem cursos longos e extenuantes de educação formal. Se você já concluiu a faculdade e talvez até a pós-graduação, está mais ciente de que alguns são bons professores e outros ocupam a função de professor, mas nunca desenvolveram as habilidades para ensinar. Talvez você tenha aprendido como não ensinar com algum exemplo negativo. Alguns de vocês estão na profissão de médicos, que tem uma extensa história em entrelaçar treinamento por meio de ação e ensino por meio de instrução.

A maioria dos meus leitores já adquiriu algumas habilidades na vida, e é provável que pelo menos algumas dessas habilidades tenham sido aprendidas em contextos de ensino ou de treinamento. Você aprendeu inúmeras habilidades que aplica em sua vocação e em outros de seus relacionamentos profissionais. O que sempre me surpreendeu é como poucas pessoas aplicam essas habilidades à família. É como se, em nossos esforços para separar "trabalho" e "família", tivéssemos compartimentado tanto as duas áreas que falhamos em trazer o benefício de uma área para a outra. Por exemplo, conversei com muitos executivos que aprenderam a habilidade da escuta reflexiva, por meio da qual regularmente fazem a colegas ou clientes afirmações ou perguntas do tipo "O que ouço você dizendo é…" ou "Você está dizendo…", e que acham essa técnica simples de comunicação extremamente útil em sua profissão — mas que nunca procuraram usar essa habilidade para se relacionar com os próprios filhos.

Portanto, o primeiro desafio é identificar as habilidades de ensino e treinamento que você já aprendeu na vida e aplicá-las em casa, permitindo que seus filhos sejam os beneficiários de seu aprendizado. O que você aprendeu em sua vocação ou em seu envolvimento comunitário que poderia ser transferido para o ensino e o treinamento de seus filhos? Por exemplo, alguns de vocês usam apresentações em PowerPoint em sua profissão. Você alguma vez já usou um PowerPoint para explicar algo aos seus filhos? Você aprendeu que tratar as ideias de outras pessoas como dignas de consideração é sinal de sabedoria no local de trabalho. E por acaso isso é menos verdade no contexto dos relacionamentos familiares? Ouvir uma pessoa antes de responder é comum na vida de muitos profissionais, e você provavelmente aprendeu essa habilidade. Mas seus filhos têm a sensação de que são ouvidos ou têm a sensação de que você age segundo o lema "Crianças devem ser vistas, não ouvidas"?

Por que você não se senta com seu cônjuge e faz uma lista de todas as habilidades que cada um de vocês aprendeu ao longo dos anos sobre como se relacionar com pessoas, como transmitir informações, como liderar pessoas na tomada de decisões, como treinar pessoas em certas habilidades e assim por diante? Faça uma lista das habilidades e seja o mais descritivo possível em relação a cada uma delas. Então, decida qual você pode procurar usar esta semana com seus filhos, para ser um professor ou treinador mais eficaz.

Corra atrás

Alguns de vocês são pais jovens. Vocês não têm muita experiência em ensino e treinamento. Sua vocação pode não exigir muita transferência de habilidades. Vocês honestamente têm muito pouca ideia de como as crianças aprendem e, portanto, têm pouca ideia de como os pais podem efetivamente ensinar e treinar seus filhos. Vocês podem se sentir ineptos, até mesmo assustados, com essa responsabilidade incrível. A boa notícia é que ajuda prática está prontamente disponível. Ela exige tempo e, às vezes, algum investimento financeiro, mas milhares de pais podem testemunhar sobre a eficácia da educação formal para aprender a ensinar e a treinar crianças.

Muitas igrejas hoje oferecem aulas para pais e mães que focam vários aspectos do ensino e do treinamento de crianças. Mesmo que aulas sejam voltadas para o ensino de crianças no ambiente da igreja, os princípios de ensino e de treinamento podem ser facilmente transferidos para o lar. Esses cursos geralmente são voltados para várias faixas etárias, como ensino de crianças em idade pré-escolar, ensino de crianças em idade escolar ou ensino de adolescentes. Alguns cursos são projetados para transmitir habilidades básicas para ensino e treinamento, enquanto outros focalizam ideias práticas sobre como ensinar habilidades específicas e como lidar com problemas específicos de desenvolvimento. Uma senhora me disse: "Eu nunca soube que outros pais tinham problemas com o treinamento para tirar a fralda até eu assistir a uma aula na minha igreja sobre educação para crianças em idade pré-escolar. Peguei ideias de outros pais e do instrutor, fui para casa, mudei minha abordagem e fiquei surpresa com os resultados".

Foi em uma aula dessas, voltada para música e crianças, que minha esposa ficou impressionada pela primeira vez com o valor da música como ferramenta de ensino. Ela comprou vários discos musicais (planos, pretos, redondos, com pequenos sulcos), e nosso antigo toca-discos se tornou o centro de muitas horas de ensino e treinamento das crianças. Os pais contemporâneos têm *smartphones*; você pode até mesmo ensinar usando música enquanto dirige, em vez de ouvir notícias ou música no rádio.

Em qualquer área da criação de filhos em que você se sinta deficiente, posso quase garantir que há alguém, em algum lugar, que está dando um curso que lhe trará ajuda prática. As lutas que você enfrenta na criação de filhos são comuns a outros pais. Elas apenas parecem ser só suas quando você se isola em seu papel de pai ou mãe. Faculdades, igrejas, sinagogas e vários grupos cívicos oferecem cursos para pais. Procure ajuda — corra atrás!

Observe os outros

Muito pode ser aprendido sobre ensinar e treinar crianças observando-se professores e treinadores. Observe outros pais em ação. Em quase todos os contextos sociais você terá a oportunidade de ver pais se relacionando com filhos. O supermercado, a biblioteca, a igreja, o shopping e o restaurante são todos contextos em que pais e filhos interagem. Observe as interações positivas e negativas entre pais e filhos. Talvez você queira usar um caderno, onde pode anotar essas observações e refletir sobre elas mais tarde. Tenha em mente que você pode aprender com exemplos negativos e positivos de ensino e treinamento.

Os contextos informais descritos anteriormente permitem que você observe os pais de forma casual. Eles podem não estar ensinando ou treinando conscientemente a criança. (Na realidade, é claro que os pais e as mães estão sempre ensinando e treinando.) Você também pode aprender observando contextos intencionais de aprendizagem. Considere visitar uma sala de aula na escola do seu filho. Se seus filhos ainda não estão em idade escolar, talvez você possa visitar a sala de aula do filho de algum amigo ou amiga. Observe a professora em ação. Observe as interações verbais entre professora e alunos, e observe as atitudes que a professora toma. Observe a maneira como palavras, ações e recursos visuais são entrelaçados no ambiente da sala de aula. Ou visite a sala da escola dominical do seu filho e observe o professor ou professores em ação. Você pode querer se voluntariar para assistir a uma aula para crianças em idade pré-escolar, uma vez por mês, se seu filho estiver nessa faixa etária. Em muitas igrejas, os professores foram treinados para utilizar estilos de aprendizagem específicos para crianças em idade pré-escolar. Particularmente, tenho ficado bastante encorajado com a qualidade do ensino e do treinamento que vejo no departamento de crianças em idade pré-escolar da igreja que frequento. Os pais podem aprender muito observando esses professores.

Se você ainda está na faculdade ou frequenta aulas em uma instituição educacional local, observe seus próprios professores. Os métodos que eles usam com você podem não ser diretamente aplicáveis ao ensino e treinamento de seus filhos, mas, com alguma adaptação, você poderá pegar emprestado algumas ideias excelentes. Em contrapartida, você também poderá observar exemplos clássicos de "como não ensinar". Uma das minhas memórias mais vívidas da pós-graduação é de um professor que se sentava na ponta de uma mesa bem longa, com sete alunos de pós-graduação sentados ao redor da mesa, que ficavam ali apenas ouvindo, enquanto ele lia suas anotações escritas em papel já amarelado pelos anos. Ele falava em um tom monótono durante a aula inteira e, no início da aula, muitas vezes precisava de cinco minutos para encontrar seu lugar, antes de poder começar a ler novamente. Não demorou muito para eu aprender que essa não era a maneira de ensinar nada a ninguém.

Outro lugar para observar professores qualificados é em alguns programas de tevê infantis. Obviamente, pode ser que o professor use mais adereços coloridos do que os que você tem disponíveis em casa, mas observe seu estilo de ensinar e a maneira como palavras e ações são usadas para ensinar as crianças. Alguns programas infantis são uma excelente fonte para a observação de métodos de ensino criativos. Você também pode incorporar esses programas como parte do seu próprio ensino, mas se fizer isso faça-o de forma deliberada e não como uma forma de "arrumar uma distração" para as crianças, e certifique-se de que elas estão aprendendo.

Por todos os meios possíveis, faça perguntas a outros pais sobre como eles ensinam e treinam seus filhos. Se você é amigo pessoal de professores de escola ou professores de escola dominical, essas pessoas geralmente ficam empolgadas em comparar ideias com os pais sobre como ensinar crianças de forma criativa. Anotar em um caderno o que você observa e escrever suas próprias ideias e pensamentos em resposta ao que você vê são coisas que podem deixar suas observações mais significativas. Talvez você veja uma ideia especialmente criativa para ensinar crianças da quinta série, mas seu filho tenha apenas três anos. Se você não anotar, terá esquecido quando ele chegar à quinta série.

Leia um livro

Outra excelente fonte para desenvolver suas habilidades de ensino e treinamento é ler um livro ou pesquisar on-line. Felizmente, há muitos livros disponíveis. E há muitos sites para pais e mães sobre educação de filhos. Alguns livros são voltados para o ensino de faixas etárias específicas, como crianças em idade pré-escolar, de 3 a 5 anos. Outros são escritos para passar princípios mais básicos do processo de ensino e aprendizagem. Ambos podem ser úteis. Uma visita à biblioteca pública local ou à biblioteca da sua igreja provavelmente revelará uma variedade de recursos dentre os quais você pode escolher. Nem todos têm o mesmo valor, por isso pode ser útil pedir o conselho de um professor. A maioria dos professores se mostra solícita para discutir recursos com pais interessados.

Um alerta: não fique tão obcecado em ler livros sobre como ser pai ou mãe a ponto de não sobrar tempo para realmente ser pai ou mãe. Tenho observado alguns pais que ficam tão interessados na ideia de se educar para ser pai ou mãe que seus filhos acabam negligenciados. Quando chega a hora de o filho sair de casa, todo pai ou toda mãe se tornou um excelente educador. Infelizmente, só temos uma chance de criar nossos filhos. Portanto, devemos aprender à medida que caminhamos com eles.

PARTE 4

FILHOS QUE OBEDECEM AOS PAIS E OS HONRAM

8

Por que a obediência é importante

Eram 16h30. Meu filho de 10 anos e eu estávamos na sala de tevê e eu lhe dizia:

— Sinto muito, filho, mas você não vai poder andar de bicicleta esta tarde. Você conhece a regra. A bicicleta deve ser guardada no galpão todas as noites. Se você deixá-la para fora, não poderá andar de bicicleta no dia seguinte. Ontem à noite você a deixou para fora a noite toda, portanto você não pode andar de bicicleta esta tarde.

Derek respondeu:

— Mas, pai, todos os meus amigos estão andando esta tarde. Deixe que eu ande hoje e eu não andarei amanhã.

Eu disse a ele:

— Eu entendo que você queira muito andar de bicicleta hoje. Mas você e eu concordamos com a regra e com as consequências por não cumpri-la. Sinto muito, mas você não vai poder andar de bicicleta hoje. Eu entendo que isso é difícil para você. Dói quando você não pode andar de bicicleta com seus amigos, mas deve aprender a guardar a bicicleta no galpão todas as noites.

Pensei em John, nosso antropólogo residente, que estava parado na sala de estar ouvindo essa conversa. Muitos pensamentos me passavam pela mente: John pensaria que estou sendo muito duro, cruel, inflexível? Ou entenderia que estou fazendo isso porque amo meu filho, e que me machuca tanto quanto a ele não vê-lo andar de bicicleta com os amigos? Eu realmente não sabia como John interpretaria a situação, mas sabia que o que estava fazendo era o árduo trabalho de ensinar obediência.

Isso está cada vez mais difícil para os pais de hoje em dia. Vivemos em uma cultura cada vez mais igualitária, na qual se presume que todos tenham os mesmos "direitos". O respeito pela autoridade, seja no local de trabalho, na escola ou na igreja, tem diminuído à medida que as pessoas se tornaram mais cínicas em relação a seus líderes. Além das influências sociais, os pais ocupados e exaustos dos nossos tempos geralmente acham mais fácil deixar seus pequenos ficarem acordados até tarde ou comerem alimentos não saudáveis.

É bem verdade que alguns pais abusam da autoridade. No entanto, o maior perigo é criar uma criança que cresce sem os limites de que tanto precisa. Em uma família saudável e amorosa, a autoridade parental é usada em benefício dos filhos. Os pais estão comprometidos com altos padrões éticos e morais. Eles defendem virtudes como gentileza, amor, honestidade, perdão, integridade, trabalho árduo e tratar os outros com respeito. As crianças que obedecem a pais e mães como esses colherão o benefício de viver sob uma autoridade saudável.

Amor e obediência

Assim como sociedades e nações precisam de leis e regras para funcionar, cada família deve estabelecer e cumprir certas regras. É o amor que sentimos uns pelos outros, nosso desejo pelo bem-estar uns dos outros e nosso medo das consequências que nos motivam a obedecer.

Obediência, no entanto, é algo que deve ser aprendido. Não nascemos com o gene da obediência; pelo contrário, parece que nascemos com uma disposição de testar as regras e ultrapassar os limites. Quem nunca viu uma criança de 2 anos tentar alcançar um objeto proibido, esperando para ver a reação de seus pais? A obediência é aprendida, e é algo que a criança aprende melhor quando se sente genuinamente amada pelos pais. Ou seja, quando a criança está profundamente convencida de que os pais se importam com seu bem-estar. Se ela estiver convencida de que os pais não a amam, de que eles se importam apenas consigo mesmos e só querem tornar a vida dela miserável, a criança pode cumprir externamente as regras, mas internamente está se rebelando. No devido tempo, essa rebelião virá à tona sob a forma de flagrante desobediência.

O outro fator para a criança aprender a obedecer é experimentar a realidade de que todo comportamento terá consequências. O comportamento obediente traz consequências positivas; o comportamento desobediente traz consequências negativas. É a consistência dessa realidade que ensina à criança o valor da obediência. Assim, em uma família amorosa, os pais se concentrarão nestas duas realidades: amar a criança e fazer todo esforço a fim de saber que a criança se sente amada, e certificar-se de que a criança arque com as consequências de seu comportamento. Esse processo envolve três coisas: estabelecer regras, estabelecer consequências (boas e ruins) e administrar disciplina. Vamos examinar as três.

Regras boas, regras ruins

Fazer ou não fazer, essa é a natureza das regras. As regras dão diretrizes para a vida em família. Estas são coisas que não fazemos em nossa família: mascar chiclete à mesa, bater bola de basquete na cozinha, sair de casa com velas acesas, pular no sofá ou maltratar o cachorro. Estas são coisas que fazemos em nossa família: guardar as ferramentas quando terminamos de usá-las, guardar os brinquedos quando terminamos de brincar com eles, apagar as luzes quando saímos de um cômodo, dizer "com licença" quando saímos da mesa de jantar, levar nossas roupas sujas para a lavanderia, ligar para avisar a mamãe ou o papai onde estamos.

Às vezes, as regras são confusas, como "Sempre apague as luzes quando sair de casa, exceto quando a vovó ainda estiver acordada ou o cachorro estiver doente ou quando você souber que seu irmão está brincando no quintal". Com uma regra assim, a única coisa segura a fazer é nunca sair de casa. Às vezes, as regras ficam implícitas, como aconteceu com o garoto de 15 anos que disse:

— Uma regra na minha casa é "Nunca fale com o papai quando ele estiver bêbado".

— Sua mãe lhe passou essa regra? — perguntei.

— Não, aprendi por experiência própria — disse ele.

Todas as famílias têm regras, mas nem todas as famílias têm regras saudáveis. As boas regras têm quatro características: são intencionais, são mútuas, são razoáveis e são discutidas com toda a família.

Regras intencionais são aquelas às quais dedicamos uma reflexão consciente. Elas não surgem simplesmente de nossa frustração pessoal momentânea, mas decorrem de uma considerável reflexão sobre por que a regra é necessária, qual é o propósito da regra e se ela é realmente benéfica para todos. Regras intencionais significam que não temos uma regra simplesmente porque ela era adotada por nossas próprias famílias.

Por exemplo, muitas famílias têm esta regra: "Não cantamos à mesa". Ao perguntar por que uma família tem essa regra, geralmente a resposta é: "É assim que era em minha casa". Agora, eu pergunto: "O que há de tão ruim em cantar à mesa?". Não estou sugerindo que seja uma regra ruim ou uma regra boa; estou simplesmente perguntando: "Por que vocês têm essa regra? O que estão tentando alcançar com essa regra?". Criar regras com intencionalidade significa que pensamos sobre cada uma delas e, assim, não nos tornamos prisioneiros de alguma tradição que não faz sentido.

Segundo, boas regras envolvem a contribuição mútua do pai e da mãe. Crescemos em famílias diferentes; consequentemente, tínhamos regras diferentes. Eu tenho a tendência de trazer minhas regras para minha nova família, e minha esposa tende a trazer as regras dela. Se essas regras não combinarem, frequentemente temos conflitos sobre as regras. Esses conflitos devem ser tratados como todos os demais conflitos conjugais. Devemos ouvir um ao outro, tratar as ideias um do outro com dignidade e respeito, dizer honestamente o que pensamos e sentimos e, se não pudermos chegar a um acordo, nos perguntar: "Então, se não concordamos com isso, com o que podemos concordar?" e procurar uma alternativa que seja um meio-termo de nossas duas ideias. Por exemplo, se eu acredito que um garoto de 16 anos deve chegar às 23h e minha esposa acredita que ele deve chegar às 22h, então talvez possamos concordar que o horário para ele chegar em casa seja 22h30. Se você acredita que as crianças arrotarem de propósito é uma total falta de educação e se seu marido acha isso fofo, talvez você possa proibi-los de arrotar em casa e no carro, mas permitir que arrotem no quintal.

Avaliando as regras

Em um casamento saudável, os pais respeitam as ideias um do outro e nenhum deles assume uma postura ditatorial na criação de regras. As ideias e sentimentos de ambos devem ser levados em conta ao definirem regras para a família. À medida que os filhos crescem, eles devem ser incluídos no processo de tomada de decisão. Se a regra se aplica a eles e eles tiverem idade suficiente para ter uma opinião sobre o assunto, então devem ter permissão para fazer parte da definição da regra. Isso não significa que os filhos tenham a palavra final, mas significa que os pais devem considerar seus pensamentos e sentimentos. Quando as famílias fazem isso, os pais não estão apenas ensinando às crianças a importância da obediência; eles também estão ensinando a elas o processo de definição de regras.

Regras saudáveis também são razoáveis. Elas desempenham alguma função positiva. As perguntas abrangentes são: "Esta regra é boa para a criança? Terá algum efeito positivo na vida dela?". A seguir estão algumas perguntas práticas para fazer quando for decidir sobre uma regra específica.

Esta regra mantém a criança longe do perigo ou da destruição?

Esta regra ensina à criança algum traço positivo de caráter, como honestidade, trabalho árduo, gentileza, dividir as coisas etc.?

Esta regra protege a propriedade?

Esta regra ensina a criança a administrar suas posses?

Esta regra ensina responsabilidade à criança?

Esta regra ensina boas maneiras?

É bem mais provável que criemos regras saudáveis para a família respondendo a perguntas como essas. Esses são os fatores com os quais nos preocupamos como pais. Queremos manter nossos filhos longe do perigo e da destruição. Não queremos que nossos filhos pequenos sejam atropelados por um carro na rua e não queremos que nossos filhos mais velhos se envolvam com drogas. Queremos ensinar traços de caráter positivos que estejam de acordo com os nossos valores. Queremos que as crianças respeitem a propriedade dos outros, daí termos uma regra sobre não jogar beisebol no quintal, pois isso pode muito bem impedi-las de quebrar a janela de algum vizinho. Queremos que elas aprendam a cuidar de seus próprios pertences, daí a regra sobre guardar a bicicleta no galpão à noite ser uma regra intencional.

Queremos que nossos filhos sejam adultos responsáveis, e sabemos que eles devem aprender isso na infância. Portanto, exigir que uma criança seja responsável por arrumar a própria cama em que dorme ou aspirar o chão do seu quarto são regras razoáveis. E as boas maneiras? É interessante o fato de que atuais executivos de grandes corporações estejam contratando instrutores e consultores de etiqueta, pois a graciosidade social dos funcionários contemporâneos é tão grandemente caracterizada por grosseria e rudeza. Acredito que isso possa ser atribuído à falta de ensino de boas maneiras em casa. Se um pai ou uma mãe acredita que "por favor" e "obrigado" são melhores do que "me dê" e "eca", então estabelecerá regras para essas boas maneiras em casa.

Regras razoáveis sempre têm um propósito positivo. Regras saudáveis também são aquelas explicadas com clareza. Os pais com frequência presumem que as crianças saibam o que devem ou não fazer, quando as expectativas nunca foram explicadas à criança. Uma vez que os pais concordem com uma regra, toda a família precisa ficar ciente dela. Regras não verbalizadas são regras injustas. Não se pode esperar que uma criança viva de acordo com um padrão do qual ela não tem conhecimento. Os pais têm a responsabilidade de garantir que as crianças entendam quais são as regras. À medida que as crianças crescem, elas precisam saber por que seus pais se decidiram por essa regra. Se elas se sentem genuinamente amadas pelos pais, em geral reconhecerão o valor de tais regras. Ao elaborar regras familiares, é perfeitamente legítimo consultar outros pais, professores e famílias estendidas, bem como ler livros e artigos. Para que as regras sejam as melhores possíveis, os pais precisam de toda a sabedoria que puderem conseguir.

Boas regras familiares não são esculpidas no concreto. Se vocês perceberem que uma regra específica está sendo prejudicial, em vez de útil, então devem estar dispostos a mudar essa regra. Em nossa família, começamos com a regra de que não se podia cantar à mesa. Rapidamente percebemos que essa regra era um fruto de nossas famílias de origem e não se encaixava em nossa visão do que uma refeição deveria ser. Levando em conta que minha esposa é musicista e eu tenho profunda apreciação por música, rapidamente concluímos que essa regra precisava ser descartada, e que qualquer um que quisesse começar a cantar em volta da nossa mesa era bem-vindo (desde que não estivesse com a boca cheia).

Para avaliar suas regras familiares, comece escrevendo o nome e a idade de cada criança no topo de uma folha de papel à parte. Abaixo do nome de cada criança, liste as regras que você acha que a família já estabeleceu e que se aplicam a essa criança. Você pode querer fazer duas categorias de regras: primeiro, regras que se aplicam a todas as crianças e, segundo, regras específicas que se aplicam a cada criança, por causa de seu estágio de desenvolvimento ou de seus interesses especiais. Você pode querer colocar esses dois tipos de regras em listas separadas e, então, mesclar suas duas listas. Lembre-se, você ainda não está avaliando as regras; está simplesmente tentando fazer uma lista do que você acha que são as regras. Se as crianças tiverem idade suficiente, você pode trazê-las para participar desse processo e deixá-las ajudar você a fazer uma lista das "regras da nossa casa".

Olhe para cada regra e pergunte: "Esta regra é intencional? É uma regra sobre a que pensamos ou é simplesmente uma regra trazida da infância de um dos pais ou de algum livro que lemos? Realmente reservamos um tempo para discutir essa regra? Esta é uma regra que ambos concordamos que tem um propósito? O que nossos filhos provavelmente aprenderão ao seguirem esta regra?".

É uma regra mútua? Nós dois demos nossa contribuição para essa regra ou é algo que um de nós estabeleceu arbitrariamente anos atrás? Se nossos filhos tiverem idade suficiente, nós os incluímos na discussão da regra? Eles acreditam que é uma regra justa?

A regra é razoável? Ela serve a uma função positiva? Lembre-se de que a pergunta abrangente é: "Esta regra é boa para a criança?".

A quarta área a ser examinada quando definimos regras é: Estas regras foram claramente entendidas pelos pais e pelos filhos? Uma regra que os pais ocultaram na mente, mas que nunca foi discutida abertamente com os filhos, não é uma regra que se pode esperar que os filhos cumpram. Quando os pais disciplinam um filho por quebrar uma regra não verbalizada, a criança sentirá que foi tratada injustamente.

Quais são as consequências?

A placa na beira da estrada dizia "multa de 100 dólares por jogar lixo". Peguei meu papel de bala e o coloquei sob o tapete do carro. Eu não tinha 100 dólares para dar para a prefeitura. O lixo que margeia nossas rodovias é uma prova viva de que as consequências não motivam todo mundo a obedecer. Nem as consequências são a única coisa que nos motiva a obedecer. Por ter um olhar voltado para a estética, sempre gostei de dirigir em rodovias que não estejam poluídas por latas, sacolas e baldes brancos. Por isso, minha apreciação pela beleza me motiva a guardar meu papel de bala. Mas devo admitir que a consciência da multa de 100 dólares também aumenta minha motivação.

A violação de regras civis geralmente traz consequências negativas. Uma das dificuldades da nossa sociedade é que, nos últimos anos, as consequências motivadas por irregularidades cometidas foram adiadas por longos e tediosos processos judiciais e, em muitos casos, elas foram mínimas. Acredito que isso contribuiu para o crescimento da desobediência civil nas últimas décadas. A motivação eficaz para a obediência civil exige consequências rápidas e certas.

Na família, o princípio é o mesmo. A criança aprende a obediência sofrendo as consequências da desobediência. O ensino eficaz da obediência requer que as consequências pela quebra de regras causem desconforto ao infrator. Se a regra é que nossos filhos não podem fumar cigarros, então se uma criança for pega fumando ela deve comer imediatamente uma cenoura — inteira. Isso dará ao corpo o betacaroteno para combater a nicotina, e é provável que ela pense duas vezes antes de fumar um segundo cigarro. Se ocorrer uma segunda violação, fazer uma doação de 25 dólares para alguma associação de prevenção ao câncer, recolher cem pontas de cigarro da rua e colocá-las na lata de lixo e ler um artigo sobre os perigos da nicotina para os pulmões provavelmente serão consequências suficientes para convencê-la de que fumar é para camelos, não para crianças.

Se um jovem de 16 anos for pego dirigindo em alta velocidade, ele perde o privilégio de dirigir por uma semana. Uma segunda infração seria a perda do privilégio de dirigir por duas semanas, e assim por diante. Poucos adolescentes iriam além da consequência da perda do direito de dirigir por duas semanas.

Com base nessas ilustrações, talvez você já perceba o padrão emergente de que as consequências devem estar tão intimamente associadas à regra quanto possível. Ajuda especialmente se as consequências por quebrar regras familiares básicas puderem ser determinadas e discutidas com a família, no momento em que a regra for criada. Isso tem a vantagem de a criança saber com antecedência quais serão as consequências e livra os pais do risco de ter que fazer um julgamento sumário sobre qual disciplina deve ser aplicada. Decidir as consequências antes que a criança quebre a regra também tem mais probabilidade de trazer uma consequência razoável.

Conforme as crianças crescem, você pode deixá-las participar da decisão das consequências. Às vezes, você descobrirá que elas são mais duras consigo mesmas do que você seria. Meu filho sugeriu que, se ele não trouxesse sua bola de basquete para casa, no final do dia, então, ele não deveria ter permissão para jogar basquete por dois dias. Eu provavelmente teria escolhido um dia. Mas, como ele achava que dois dias era uma consequência razoável, eu concordei. Quando as crianças participam da decisão das consequências antes que a regra seja quebrada, elas são muito mais propensas a aceitar a consequência como algo razoável. Isso não significa que os pais abdicam da decisão final sobre qual será a consequência. Se a criança sugerir uma consequência que não seja dolorosa, então a desobediência pode ser escolhida com mais frequência, pois as consequências não trazem desconforto suficiente. A obediência é aprendida através de sofrer as consequências do mau comportamento.

Às vezes, a consequência da desobediência de um filho também tornará a vida mais difícil para os pais. Por exemplo, quando o privilégio de dirigir é retirado de um jovem de 16 anos, os pais devem transportá-lo para a escola e outras atividades, uma tarefa da qual eles havia pouco tempo estavam tão felizes em abrir mão. Mas essa é a natureza da desobediência; ela sempre afeta os outros. Um motorista bêbado não machuca apenas a si próprio, mas provavelmente destrói a propriedade e, às vezes, a vida de outros. Uma das realidades fundamentais da vida é que o comportamento de alguém afeta os outros. A criança que vê sua mãe sofrendo as consequências de sua desobediência pode ser ainda mais motivada a obedecer, partindo do pressuposto de que a criança se sente amada pelos pais. Caso não se sinta, tal inconveniência ou desconforto dos pais pode ser visto como algo merecido ou como uma forma de se vingar deles.

Se nunca delineou claramente quais serão as consequências, você fez o que lhe ocorreu no momento e, provavelmente, descobriu que seu cônjuge discordava de sua disciplina, pelo menos algumas vezes. É muito mais fácil chegar a um acordo quando vocês não estão no calor da situação. Depois que chegarem a um acordo sobre as consequências, certifiquem-se de que todos os membros da família entendam quais serão elas.

Isso tornará a disciplina bem mais aceitável para cada criança e causará menos conflitos para os pais. Todos vocês concordam que, se determinada regra for quebrada, essas serão as consequências. Quem estiver em casa administra a disciplina, mas ela será a mesma, não importa qual dos pais seja o disciplinador.

Quando uma regra é quebrada e os pais são obrigados a garantir que a criança sofra a consequência combinada, é extremamente útil dar a seu filho uma dose de amor emocional, antes e depois da disciplina. Ajuda mais quando você usa a linguagem de amor primária da criança. Por exemplo, digamos que seu filho estava jogando futebol na sala de estar, uma clara violação das regras da casa. A disciplina combinada é que a bola de futebol ficará guardada no porta-malas do carro por dois dias, e assim a criança não poderá jogar futebol. Se algum item for quebrado pela bola de futebol, a criança deve pagar pelo conserto ou pela substituição do item com dinheiro de sua mesada.

Brian claramente violou as regras e, no processo, um vaso foi quebrado. O vaso custava trinta dólares. Digamos que a principal linguagem de amor de Brian sejam palavras de afirmação. O pai pode dizer algo assim:

— Brian, acho que você sabe que eu te amo muito. Normalmente você segue as regras muito bem. Estou orgulhoso de você e de suas muitas realizações na escola e em casa. Você me faz um pai muito feliz. Mas, quando você quebra as regras, sabe que deve sofrer as consequências. Uma das regras é que você não jogará futebol na sala de estar. Você conhece a regra e sabe as consequências por desobedecê--la. Então, vamos guardar a bola no porta-malas do carro e deixá-la lá pelos próximos dois dias. Além disso, sabe que concordamos que você pagaria pelo conserto ou pela substituição de quaisquer itens que fossem quebrados. O vaso não pode ser consertado. Comprar um novo custará trinta dólares. Então, isso terá que sair da sua mesada nas próximas semanas. Eu sei que isso vai colocar pressão sobre você e que não será capaz de fazer as coisas que gostaria de fazer com seu dinheiro, mas todos nós temos que aprender que, quando desobedecemos às regras, temos que sofrer as consequências.

— Mas, mãe, o Natal está chegando. Preciso desse dinheiro para comprar meus presentes. Não posso perder trinta dólares agora — Brian protesta.

— Eu entendo isso, filho, e sei que será mais difícil para você comprar presentes sem os trinta dólares, mas também sei que concordamos com as consequências de quebrar as regras. Devo ser consistente em seguir o que concordamos. Só quero que você saiba que eu te amo, e é por isso que assumo a responsabilidade de ajudar você a aprender a seguir as regras.

A mãe pode, então, se aproximar e dar um abraço na criança. Se, antes e depois de reafirmar as consequências do mau comportamento da criança, os pais expressarem amor na linguagem de amor primária da criança, esta é a maneira mais eficaz de ensinar obediência a ela. Mesmo sofrendo as consequências, ela tem a certeza do amor dos pais.

Compare isso com a abordagem comum de uma mãe que ouve o vaso cair da lareira, corre para a sala de estar, vê Brian pegando a bola de futebol e grita:

— Eu já disse umas mil vezes para não jogar bola na sala de estar. Agora, veja o que você fez. Destruiu meu vaso. Quando vai aprender? Você age como uma criança de 2 anos. Não sei o que vou fazer com você. Saia já daqui!

E a mãe dá um tapa no traseiro de Brian quando ele sai da sala. Qual dessas duas abordagens tem mais probabilidade de ensinar obediência saudável à criança?

Agora, seja honesto. Qual dessas duas abordagens se aproxima mais da abordagem que você comumente adota quando um de seus filhos viola uma regra? Qual abordagem você acha mais produtiva? Acho que a maioria dos pais concordará que o plano de esclarecer a regra, concordar com as consequências do mau comportamento antes que aconteça, e aplicar, com amor, mas com firmeza, as consequências à criança é muito mais produtivo tanto para o aprendizado da criança quanto para a saúde mental dos pais.

Quando os filhos desobedecem...

Uma vez que as regras foram claramente definidas e as consequências do mau comportamento foram comunicadas à criança, é responsabilidade dos pais garantir que a criança sofra as consequências de seu mau comportamento. Quando os pais são permissivos um dia e deixam o mau comportamento passar, e no dia seguinte repreendem duramente a criança pelo mesmo mau comportamento, estão trilhando o caminho certo para criar uma criança desobediente e desrespeitosa. A inconsistência na disciplina é a armadilha mais comum para pais que estão tentando criar filhos responsáveis. As consequências devem ser aplicadas o mais rápido possível após a desobediência ter ocorrido. No entanto, a disciplina sempre deve ser administrada com amor e firmeza.

"Mas alguns dias estou cansado. Eu simplesmente não tenho disposição para reagir ao mau comportamento do meu filho." Ora, bem-vindo à raça humana — todos nós ficamos cansados. Que pai e que mãe já não ficou exasperado, física e emocionalmente, com as pressões da vida? Mas nenhum dos nossos recursos é mais importante do que nossos filhos. Nessas ocasiões, precisamos recorrer às nossas forças de reserva e reagir com amor, mas com firmeza, ao mau comportamento de nossos filhos.

Ter as consequências pelo mau comportamento definidas de antemão impede que você seja dominado pelo seu estado emocional do momento. Se todos já concordaram com quais serão as consequências, sua responsabilidade é simplesmente garantir que essas consequências sejam aplicadas. Você não precisa decidir o que será feito; simplesmente decide seguir em frente com o que já concordou que seria feito. Se já tiver decidido as consequências, você não tem tanta probabilidade de gritar e berrar ou bater fisicamente em seus filhos por causa do seu próprio estado emocional.

Emily chega em casa à tarde. Depois de um abraço, um cookie e uma sessão de "Como foi seu dia?", a mãe diz a ela:

— Emmy, você conhece a regra sobre arrumar sua cama e guardar seu pijama antes de você sair para a escola de manhã. Esta manhã você não arrumou a cama e deixou o pijama jogado no chão. Você sabe o que combinamos: que quando você quebrar essa regra, não haverá tevê naquela noite. Divirta-se fazendo sua lição de casa e depois você pode jogar, se quiser, mas não haverá tevê hoje à noite. Eu te amo e sei que você vai aprender a arrumar sua cama e a guardar seu pijama muito em breve.

— Mas, mãe, hoje vai passar meu programa favorito. Todos os meus amigos vão falar disso amanhã, e eu não vou ter a menor ideia do que eles estão falando. Mãe, por favor, me deixe assistir hoje à noite. Aí eu não vou assistir amanhã. Por favor, mãe, por favor.

A mãe diz:

— Eu entendo o quanto você quer assistir à tevê hoje à noite, mas também entendo que você e eu concordamos com as regras e quais seriam as consequências por você quebrá-las. Sinto muito, mas você não poderá assistir hoje à noite.

A mãe continua sendo gentil e firme, não importa qual seja a resposta de Emily, e Emily aprende a grande lição de que ações geram consequências.

Se a mãe for consistente, amorosa e gentil, mas firme, ela terá uma arrumadeira de cama eficiente em suas mãos muito em breve. Se, por outro lado, a mãe for inconsistente, ceder ou não garantir que Emmy sofra as consequências de seu mau comportamento, a mãe poderá estar arrumando a cama e guardando o pijama da filha quando esta já tiver 15 anos. A ilustração acima revela as etapas na administração da disciplina: (1) Nós nos certificamos de expressar amor e cuidado pela criança. Isso foi feito abraçando a criança [quando Emmy chegou da escola], dando-lhe um cookie e conversando sobre os acontecimentos do dia. (2) Afirmamos claramente que uma regra foi quebrada. Lembramos a criança das consequências com as quais concordamos. (3) Então, providenciamos que a criança sofra as consequências. Ouvimos a refutação da criança, mas gentil e firmemente asseguramos a ela que deve sofrer as consequências de sua transgressão ou negligência.

Às vezes, isso é muito doloroso para os pais. Por exemplo, a mãe e Alex tinham concordado que, se Alex não terminasse o dever de casa, ele não iria ao treino de futebol na tarde seguinte. Uma noite, Alex não faz o dever de casa e o pai o informa de que ele não poderá ir ao treino na tarde seguinte.

— Mas, pai, temos um grande jogo no sábado. Se eu não for ao treino amanhã, não vou poder jogar. Pai, estou esperando por isso há muito tempo. Por favor, não faça isso comigo.

— Filho, não estou fazendo nada com você. Você fez isso consigo mesmo. Você conhecia a regra sobre o dever de casa. E teve tempo de sobra para fazer sua lição de casa. Mas preferiu assistir à tevê e jogar com o Michael. Agora, sinto muito, mas nós concordamos com a regra e concordamos com as consequências.

— Mas, pai, você sabe o quanto isso significa para mim. Me deixe faltar ao treino na semana que vem, mas não amanhã. Não amanhã, pai.

O que esse pai deve fazer? A resposta é simples, embora não seja fácil. Seja gentil e amoroso, mas firme. Perder o grande jogo não destruirá a chance de seu filho ganhar uma bolsa de estudos para a faculdade daqui a cinco anos, mas perder o grande jogo ensinará a seu filho que sempre há resultados dolorosos quando desobedecemos às regras. É essa realidade que motiva as crianças a obedecerem.

Essa disciplina deve ser sempre aplicada com espírito de amor, com o pai ou a mãe em total controle de suas emoções, nunca acompanhada de gritos e berros, mas sempre acompanhada de profunda simpatia pela dor da criança. A criança deve perceber que nós também sofremos porque ela não será capaz de participar do grande jogo, mas que essa é a realidade da vida. Quando uma pessoa desobedece, outras inevitavelmente sofrem. É através de seu sofrimento que a criança aprende a obediência, e é através da consistência que o pai ou a mãe conquista o direito de ser respeitado e honrado.

9

O dom de honrar

Era um dia frio de inverno, e os problemas com os quais eu tinha lidado eram extremamente estressantes. Tudo isso pareceu evaporar quando entrei no meu escritório e encontrei o seguinte bilhete escrito à mão pela minha filha de 9 anos.

> Querido pai,
> Eu te amo muito. Sei que você trabalha duro e ajuda muitas pessoas. Agradeço todas as coisas que você faz por mim. Estou feliz que você seja meu pai.
> Com amor,
> *Shelley*

Não só as palavras me evocaram emoções que aqueceram o coração, mas eu sabia também que ela estava aprendendo a demonstrar honra. Li o bilhete na mesa de jantar, para toda a família, incluindo John. Certamente ele pôde ver, pelo meu sorriso e pela umidade acumulada em meus olhos, que essa era a parte boa de ser pai. Era dia de pagamento! Essa era a recompensa de todo o trabalho árduo. Quando um filho ou uma filha começa a reconhecer e apreciar o esforço que você fez para ser pai, todas as fraldas sujas, as idas ao pediatra, as noites sem dormir e o trabalho árduo de disciplinar com amor de alguma forma parecem ser um bom investimento.

Observe que o capítulo sobre obediência precede o capítulo sobre honra. Essa é a ordem cronológica. Crianças pequenas não são capazes de honrar os pais; seu mundo ainda gira em torno de seu próprio ego. Não quero dizer que elas não tenham consciência da presença dos pais, mas que o foco de sua mente está em ter as próprias necessidades supridas e em explorar os próprios desejos. Elas são totalmente capazes de aprender a obedecer, mas a capacidade de honrar vem muito mais tarde na infância.

Honra é expressão de respeito ou estima. É reconhecer a importância de alguém e buscar expressar amor e devoção a essa pessoa. Honrar alguém é chamar a atenção para o caráter dessa pessoa. Para realmente honrar os pais, uma criança deve entender algo sobre a natureza do certo e do errado, do sacrifício e do amor. O desejo de honrar vem do reconhecimento de que os pais tomaram decisões corretas e amaram sacrificialmente a criança e um ao outro. Uma criança vem a respeitar e a honrar o pai e a mãe quando reconhece que o comportamento dos pais foi realmente bom.

Devo fazer uma pausa longa o suficiente para dizer que há uma espécie de honra, por mais diluída que seja, que honra os pais por sua posição, e não por seu caráter. Os pais deram vida à criança; portanto, eles são extremamente importantes. A criança os honra pela importância de sua posição como pais, mas reconhece que, quando seu caráter é observado, os pais não são dignos de honra. Tragicamente, muitas crianças em nossa geração, se forem expressar honra, devem expressá-la neste nível superficial. Mas essa não é a característica de uma família funcional.

Uma honra mais profunda e verdadeira é sempre algo que se conquista. Permita-me ilustrar isso. É difícil imaginar que o filho de um escravo receberia uma oferta de emprego de cem mil dólares por ano. É ainda mais incrível imaginar que esse mesmo homem teria recusado a oferta, mas foi exatamente isso que George Washington Carver fez. A oferta foi feita pelo inventor Thomas Edison. Henry Ford também tentou persuadir Carver a trabalhar para a Ford Motor Company, mas Carver não ficou impressionado com as ofertas de dinheiro e prestígio. Ele preferiu morar no Sul, vivendo em relativa pobreza, vestindo o mesmo terno por quarenta anos. Ele havia desistido de uma posição promissora na Universidade do Estado de Iowa para trabalhar com Booker T. Washington em seu Instituto Tuskegee, que enfrentava dificuldades. Quando amigos argumentaram que ele poderia ajudar seu povo se tivesse todo esse dinheiro, Carver respondeu: "Se eu tivesse todo esse dinheiro, pode ser que eu me esquecesse de meu povo". Em sua lápide estão gravadas as seguintes palavras: "Ele poderia ter acrescentado fortuna à fama, mas, por não se importar nem com uma coisa nem com a outra, encontrou felicidade e honra em ser útil ao mundo".[8] As pessoas ainda honram George Washington Carver. Por quê? Porque ele viveu uma vida de sacrifício pessoal em benefício dos outros. A verdadeira honra é sempre algo que se conquista.

Às vezes, conquistar honra é um trabalho árduo. Nossos filhos enxergam nossas fraquezas e nossos hábitos irritantes, e enxergam a parte egoísta da nossa natureza muito melhor do que suspeitamos. Para nós, é tão importante evitarmos construir um muro neste relacionamento quanto no relacionamento com nosso cônjuge. Quando Derek tinha 15 anos, ele e eu tivemos uma discussão na qual algumas palavras indelicadas foram trocadas. Ele saiu de casa; eu fiquei e me sentei para refletir. Meus primeiros pensamentos foram sobre a injustiça das palavras que ele tinha dito para mim. Mas minha consciência me deteve, e percebi que algumas de minhas próprias palavras tinham sido pouco honrosas. Eu tinha estragado tudo. Orei e pedi a Deus que me perdoasse, e sabia que precisava encontrar meu filho e pedir seu perdão também.

Antes que eu pudesse sair para encontrá-lo, Derek voltou para casa.

—Filho, me desculpe. Você pode me perdoar? — perguntei.

— Pai, sou eu quem estava errado. Eu não deveria ter dito o que disse.

Nós nos perdoamos, e eu me alegrei por ele ter aprendido tanto a humildade de pedir perdão quanto a graça e a honra de perdoar.

"Você e o papai fizeram um trabalho muito bom"

A capacidade de honrar é apenas ligeiramente desenvolvida nos primeiros anos da infância. Ela atinge seu melhor momento três ou quatro anos depois que a criança cresce. Conheço uma mulher cuja filha, agora com 20 e poucos anos e recém-casada, disse a ela há pouco tempo:

— Você e o papai fizeram um trabalho muito bom na minha criação.

A mãe, que, como todos os pais, às vezes questionava o quão "bem" ela e o marido tinham se saído como pais, ficou com os olhos marejados e deu um grande abraço na filha.

— Você tornou tudo fácil, garota — ela disse.

Mas a honra é uma atitude que também pode ser cultivada em crianças mais novas. Se uma criança for ensinada a ficar de pé quando um adulto entra na sala, isso, a princípio, será um ato superficial. Mas, com o tempo, pode se tornar uma expressão de honra genuína. Se a criança for instruída a não interromper os pais quando estes estiverem falando, a princípio será simplesmente um comportamento aprendido, mas, com o tempo, pode se tornar uma expressão de honra, que reconhece o valor do outro indivíduo e o desrespeito que se demonstra quando alguém é interrompido. Oferecer ajuda quando for necessária pode ser uma expressão de honra aos pais. Quando um garoto de 12 anos se oferece para lavar a louça, mesmo que não seja a "sua vez" de fazer isso, pode ser uma expressão de honra. (Também pode ser uma expressão de manipulação, um esforço para fazer os pais comprarem algum tênis caro que eles têm relutado em comprar.) A honra genuína é uma questão do coração, não é uma ação específica. Mas a honra genuína se expressa por meio de cortesias corriqueiras aos pais.

Uma segunda maneira de as crianças expressarem honra aos pais é por meio de palavras de apreciação. "Mamãe, o jantar estava uma delícia" pode ser apenas um gesto educado que faz a criança ganhar um sorriso da mãe; mas essa declaração também pode ser uma expressão de que está consciente do valor do tempo e da habilidade da mãe no preparo das refeições. "Obrigado por vir ao jogo, pai" pode ser apenas um desejo do tipo "Gostaria que você fosse a todos os meus jogos". Mas também pode ser um reconhecimento honesto do esforço que o pai teve de fazer para vir ao jogo.

Se palavras de apreciação verbalizadas expressam honra, palavras escritas podem ser ainda mais poderosas. Imagine como me senti ao ler o que meu filho, Derek, escreveu na seguinte tarefa escolar, quando ele estava na terceira série. A tarefa era escrever um artigo descrevendo a si mesmo.

Eu
por Derek C.

Bem, eu gosto muito de futebol. Gosto de jogar e de assistir futebol. Também gosto de basquete. Acho que sou muito bom em ambos! Tenho uma família de quatro pessoas, sem contar meu cachorro, Zacchaeus. Nós o chamamos de Zac, para abreviar. Ele é metade dachshund e metade poodle. Ele é muito baixo e não cresce. Gosto de algumas garotas. Tenho vários amigos. Algumas pessoas me conhecem e eu não as conheço. Às vezes, as pessoas vêm e dizem "Oi, Derek". Eu digo "Oi" e não as conheço. Bem, eu também levanto pesos e malho praticando esportes! Bem, isso é tudo em que consigo pensar agora, então é isso, exceto que eu e meu pai somos bons amigos e brincamos um com o outro.

Por Derek Chapman.

Fim.

Eu consegui ler tranquilamente, até chegar às duas últimas linhas; então, as lágrimas começaram a rolar. Aquilo não fora escrito como uma expressão de honra para mim, e sim como uma tarefa de sala de aula. Mas eu sabia que a honra estava em seu coração, e, de alguma forma, isso fez valerem a pena todas as horas passadas com ele.

Mãe

Para a que resplandece em raios de luz
e me conduz a ribeiros de águas
Para a boca que se abre em cânticos
chamando em meio à tempestade de rostos —
Você, que está cercada de Música

Para dobradiças que estalam
e corredores cheios de riso
e cozinhas amarelas
banhadas em borboletas

Para a hora do chá e dos doces,
Para as rendas e flores frescas,
Para jardins e pássaros se banhando,
Para chocolates e pipoca

Para aquela que abraça a massa da vida com braços em flor
e canta
um novo cântico
todos os dias...

Para a minha Mãe

Pai

Para o que espera em silêncio
Para o que ouve os corações
Para o que agarra gentilmente
Para o que escala sem clamor
Para o que escuta com cuidado
Para o que mais se importa

Para aquilo que em mim é você, Pai

Derek Chapman

À medida que os filhos amadurecem e os pais entram na velhice, se a honra estiver no coração dos filhos adultos, ela será expressa por meio de visitas, telefonemas, cartões e cuidados com as necessidades físicas dos pais. Toda vez que visito meus pais idosos, lembro-me de que estou modelando e mostrando o que é honra para meus próprios filhos. Nossa filha,

Shelley, é médica, e nosso filho é escritor. Sabendo da renda escassa da maioria dos escritores, Derek já está de olho no futuro. Ele disse recentemente à mãe:

— Não se preocupe, mãe. Se algo acontecer com o pai, vou ver com a Shelley para colocar você em uma boa casa de repouso e irei visitá-la com regularidade.

Em última análise, os filhos honram os pais pela maneira como investem suas vidas. Os mais tristes de todos os pais são aqueles cujos filhos escolheram as drogas, o álcool, o crime ou outros estilos de vida irresponsáveis. Os pais mais felizes são aqueles que são honrados por filhos que escolhem um estilo de vida abnegado, que investem sua vida em benefício de Deus e pelo bem no mundo. Esses são, acima de tudo, os pais mais honrados.

PARTE 5

MARIDOS QUE AMAM E LIDERAM

10

O significado de "liderar"

Para muitas esposas dos nossos dias, a ideia do marido como "líder" é confusa e controversa. Alguns maridos abusaram dessa ideia e comandam a família com punho de ferro. Mas tenho observado que o maior perigo é o marido passivo e desinteressado, que "terceiriza" todas as atividades e decisões relacionadas à família para sua esposa.

Em algum lugar entre esses dois extremos está um meio-termo saudável, no qual o marido é responsável, confiável e profundamente comprometido com sua esposa e família. Ele é capaz de expressar dor e alegria, simpatia e encorajamento. É capaz de se relacionar com a esposa em nível emocional. Em contrapartida, ele é forte e confiável, e tem um senso de responsabilidade pelo bem-estar de sua esposa e família. Não foge quando as coisas ficam difíceis, mas busca soluções que beneficiem toda a família. Ele é um líder, com certeza, mas não lidera isoladamente. Reconhece que os líderes mais eficazes são servos, não ditadores. Ele valoriza a parceria com a esposa; quer estar lá para ela, mas não tem desejo de dominá-la. Esse é o marido em uma família funcional.

"Eu sinto como se tivesse três filhos em vez de dois"

Elaine estava casada havia dez anos. Ela estava sozinha no meu consultório, embora o marido a tivesse acompanhado em várias consultas de aconselhamento. Desta vez, ela disse:

"Ele estava com vergonha de vir. Perdeu o emprego na semana passada, porque brigou com um colega de trabalho". Esse era o padrão de comportamento dele havia dez anos. O maior tempo que ele ficou em um emprego foi dezoito meses. Ele nem sempre brigava, mas sempre ficava frustrado com o emprego ou com as pessoas com quem trabalhava.

Seu padrão normal era simplesmente sair do emprego, sem dar nenhuma explicação, e desaparecer. O empregador normalmente ligava para Elaine para perguntar qual foi o problema e se ele voltaria. Ela explicava que ele tinha dito a ela que havia largado o emprego; portanto, Elaine presumia que ele não voltaria. Ele ficava semanas e às vezes meses sem trabalhar, passava o tempo dormindo até tarde, assistindo tevê e malhando na academia local. Elaine trabalhava em um emprego de tempo integral durante todos os dez anos de seu casamento, exceto por breves períodos perto do nascimento de seus dois filhos. Quando seu marido estava trabalhando, ele a ajudava com as contas, mas quando ele estava desempregado, ela tinha que carregar todo o fardo sozinha.

Com o rosto banhado em lágrimas, Elaine disse:

— Não sei quanto tempo mais consigo continuar. Eu sinto como se tivesse três filhos em vez de dois. Ele não só desiste dos empregos porque as coisas não saem do jeito dele, como também tudo precisa ser do jeito dele. Ele não abre mão de uma hora na academia para ficar com as crianças, enquanto vou a uma consulta médica. Tenho que deixar as crianças na casa da minha mãe, para não interromper a programação dele. Estou totalmente exasperada. Nunca tive um marido de verdade.

Tracy tem um problema muito diferente com o marido dela.

— Dr. Chapman, não entendo por que ele precisa controlar tudo. Não consigo nem espirrar sem ter que correr para outro cômodo da casa, porque ele não quer que eu espirre na presença dele. Ele é um homem trabalhador e ganha bem. Paga todas as contas. Não tenho queixas sobre a maneira como nos sustenta financeiramente, mas ele me trata como se minhas ideias não valessem nada, como se eu fosse uma criança, em vez de sua esposa. Ele nem me deixa ver o talão de cheques, e se eu faço perguntas sobre nossa situação financeira, fica bravo. É como se ele comandasse tudo, e eu estivesse só ali ao lado, acompanhando. Tenho dificuldade em corresponder a ele sexualmente, pois sinto que me trata como se eu não fosse uma pessoa. Sei que não é assim que um casamento deveria ser, mas não sei o que fazer.

E tem também a Becky. Becky é casada há quinze anos. Ela e o marido trabalham em período integral. Eles têm três filhos. A reclamação dela não tem nada a ver com finanças. Ela está, porém, extremamente angustiada com o estilo de vida passivo do marido.

— Ele não toma a iniciativa de fazer nada, exceto ir trabalhar regularmente. Nosso quarto precisa de pintura há seis anos. Ele diz repetidamente: "Vou dar um jeito nisso", mas nunca dá. As bicicletas das crianças ficam quebradas por meses antes que ele finalmente as conserte. Nosso dinheiro fica em uma conta-poupança e ele não toma nenhuma iniciativa para tentar descobrir algum investimento com o qual possamos obter um retorno melhor. No verão, a grama é cortada a cada três semanas. Tenho vergonha de convidar meus amigos para vir em casa. Na verdade, no verão passado, finalmente contratei alguém para cortar a grama toda semana. Ele passa o tempo no computador. Todo mundo fala sobre como os computadores são ótimos. Na verdade, eu odeio computadores. Gostaria que aquela coisa explodisse e ele acordasse para o mundo real. Já tentei tudo o que sei. Tentei discutir o assunto calmamente com ele. Tentei gritar com ele. Tentei ignorar o problema. Tentei ser super gentil com ele. Nada parece fazer diferença. Não sei mais o que fazer.

Três esposas — as três em situações muito diferentes, mas todas clamando desesperadamente por uma liderança amorosa por parte do marido. Páginas e páginas poderiam ser escritas apenas contando histórias semelhantes a essas, de esposas que convivem com dor e decepção constantes. Os maridos de Elaine, Tracy e Becky são diferentes um do outro. Alguns de seus problemas revelam imaturidade básica, falta de responsabilidade e desenvolvimento deficiente de caráter. Alguns exibem personalidades controladoras, e todos eles demonstram ter péssimas habilidades relacionais. Essas questões básicas precisarão ser abordadas, se eles quiserem ser líderes amorosos.

No entanto, no caso de outros maridos, o problema não é que eles não estejam dispostos a serem líderes no casamento ou sejam incapazes de sê-lo. O problema é que muitos homens não sabem como ser líderes. Eles não têm uma imagem visual; não têm ideias concretas de como devem desempenhar o papel de marido como líder amoroso na vida cotidiana. Eles estão limitados apenas ao exemplo dos próprios pais e às ideias que captam da mídia ou de outros homens.

Uma visão do marido saudável

Como é um marido saudável? Que medidas posso tomar para estimular o crescimento e a saúde no meu papel como marido (ou no papel do meu cônjuge)? Aqui estão algumas diretrizes.

1. *O marido amoroso vê a esposa como uma parceira.* Uma esposa não é um troféu a ser conquistado no namoro e, depois, pendurado na parede, ao lado de uma cabeça de alce, para todos admirarem. Ela é um ser humano vivo com quem o marido deve se relacionar. Ela não é uma pessoa a ser dominada e controlada para satisfazer nossos próprios objetivos. Ela é uma pessoa a ser conhecida e tem seus próprios objetivos. Não é uma criança a ser tratada com condescendência. Ela é uma parceira com quem seu marido está desenvolvendo um relacionamento.

A ideia da esposa como parceira é tão antiga quanto a criação. Observe em Gênesis que, enquanto Deus instrui o homem e a mulher a dominarem a terra e governarem sobre os peixes do mar, as aves do céu e outras criaturas vivas, ele instrui o homem a se tornar "uma só carne" com sua esposa, e não a dominá-la.

A parceria deve permear todo o casamento. Vamos aplicar esse conceito à área de tomada de decisões. Quando o marido realmente vê a esposa como uma parceira, ele desejará que a tomada de decisões seja uma experiência conjunta. Talvez, em determinada área, ele tenha mais conhecimento do que ela. Em outra área, ela pode ter mais conhecimento do que ele. Raramente os dois têm a mesma quantidade de informações sobre determinado tópico; então, quando tomam decisões juntos, cada um é beneficiado com o conhecimento e as informações que o outro experimentou ou reuniu ao longo dos anos. Parceria significa que nosso objetivo é tomar a melhor decisão possível. Podemos ter uma personalidade do tipo "controlador" ou podemos ser "passivos", mas não desejamos permitir que nossas tendências de personalidade ditem nosso processo de tomada de decisões.

Conscientemente exaltamos a parceria como algo mais importante do que nossos traços de personalidade.

O marido, como alguém que a ama, estará pensando no que é melhor para sua esposa, e sua ênfase estará em guiar a decisão nessa direção. Se a esposa também for amorosa, seu foco estará no que é melhor para o marido. Em termos ideais, após discutirem uma questão, a decisão ou o compromisso ficará claro. Mesmo quando não ficar, a tomada de decisão não será um jogo de manipulação em que cada um está tentando impor sua vontade. Será, de fato, uma parceria, na qual cada um está buscando o benefício do outro, e o resultado é uma decisão que é melhor para o todo ou melhor para ambos.

Como líder, o marido toma a iniciativa de criar uma atmosfera em que essa parceria possa ser exercida sem tensões indevidas. Ele assegura à esposa que a vê como uma parceira e deseja profundamente que ela contribua para a decisão. Quando um filho expressa seus desejos, o pai os avalia e toma a decisão final sobre o que é melhor para o filho. O marido não aceita a contribuição da esposa dessa forma. Ele a vê como uma parceira em pé de igualdade e não tem o menor desejo de dominá-la no processo da tomada de decisões. O líder amoroso também não será um ditador que toma decisões independentemente de sua esposa e a informa, após o fato consumado. Isso geralmente acontece no mundo dos negócios, onde a gerência toma as decisões e informa os funcionários. Mas, no casamento, tanto o marido quanto a esposa exercem a gestão da casa. O líder amoroso reconhece isso e busca criar um clima emocional no qual a livre troca de ideias possa acontecer, sem espírito de dominação ou de intimidação.

Em contrapartida, o líder amoroso não abandonará o processo de tomada de decisões e simplesmente jogará a bola para sua esposa. A atitude de "faça o que você quiser" não está assumindo a liderança nessa parceria. Às vezes, essa atitude se desenvolve no caso do marido que tem dificuldade em tomar decisões e acha mais fácil entregar essa responsabilidade à esposa. Outras vezes, essa atitude se desenvolve a partir de algum ressentimento de que a esposa vá fazer o que ela quer mesmo, não importa o que aconteça, então por que lutar contra isso; apenas ceda. Seja lá qual for a fonte que motiva essa atitude, essa não é a postura do líder amoroso. O marido amoroso que percebe essa atitude surgindo dentro de si procurará analisar a fonte de onde ela vem e lidar com ela de forma responsável, para que possa voltar à prática da parceria na tomada de decisões.

Também somos parceiros na área financeira do casamento. Ser parceiros não significa que façamos a mesma coisa. Na verdade, em uma verdadeira parceria, quase nunca cada parte desempenha a mesma função. Existem muitos modelos de parceria financeira em um casamento. Um modelo não é necessariamente melhor do que o outro. Cada casal deve forjar o modelo que se adapte à personalidade, aos talentos, aos desejos e aos valores do marido e da mulher.

Para Bob, o modelo é muito simples. "Eu ganho dinheiro; ela gasta dinheiro. É um bom arranjo. Funciona para nós, e estamos ambos felizes assim". Há outro jovem casal em que ambos são médicos. "Nós dois trabalhamos; nenhum de nós tem tempo para gastar dinheiro; portanto, ficamos ricos. Até agora tem corrido tudo bem. Não sei o que acontecerá quando um de nós ou ambos pararmos de trabalhar."

A maioria dos modelos não é tão radical quanto os dessas duas ilustrações, mas não existe um modelo financeiro perfeito. O importante é que marido e mulher tenham um senso de parceria nas finanças familiares. Um de vocês pode "fazer a contabilidade", ou podem optar por fazê-la juntos. O melhor em seu casamento é aquilo com o que vocês dois concordarem como parceiros. Se algum de vocês se sentir dominado ou abandonado, então, não estão vivendo uma parceria. Vocês podem chegar à mesa de discussão das finanças com ideias, desejos e valores diferentes. O marido amoroso assume a iniciativa de garantir que essas diferenças sejam negociadas de forma justa. Se precisar "inclinar-se em alguma direção", ele o fará na direção do que for melhor para sua esposa. Ele é um líder amoroso com ênfase em amar.

2. *O marido amoroso se comunica com sua esposa.* Como eu explorei em detalhes no meu livro *O casamento que você sempre quis*, muitos homens, embora não todos, são bem menos comunicativos verbalmente do que as mulheres. Portanto, muitos maridos terão que se esforçar para ir além do que é "natural" para eles, a fim de atender à necessidade de comunicação de suas esposas.

A vida é compartilhada principalmente por meio da comunicação, em particular pela discussão de nossos pensamentos, sentimentos e desejos. Isso não é algo que possa ser observado em nosso comportamento. Uma esposa pode adivinhar o que está acontecendo na mente do marido pelo comportamento dele, mas, a menos que esse comportamento siga um padrão que ele tenha revelado anteriormente, por meio de certos pensamentos e desejos, ela provavelmente não adivinhará corretamente. O velho ditado "eu consigo ler essa pessoa como se fosse um livro aberto" só é verdadeiro depois de anos de robusta comunicação e, mesmo assim, é verdadeiro apenas em sentido limitado. Um dos desejos mais profundos de uma esposa é conhecer seu marido. Quando ele fala sobre seus pensamentos, sentimentos e desejos, a esposa sente que ele está permitindo que ela entre em sua vida. Quando um marido passa longos períodos sem falar sobre o que está sentindo, a esposa tem a sensação de que ele a está excluindo, e se sente isolada.

Às vezes, uma esposa reprime a comunicação do marido com seu espírito contencioso ou com suas respostas críticas. Há algum tempo, um marido me disse:

— Dr. Chapman, simplesmente parei de compartilhar meus pensamentos com minha esposa, pois toda vez que discuto um pensamento com ela, ela o ataca. Ou ela discorda ou me questiona sobre esse pensamento ou me dá uma perspectiva diferente. É como se eu não tivesse permissão para ter um pensamento que ela não queira dissecar. Eu ficaria feliz em contar o que penso se ela simplesmente aceitasse isso como aquilo que eu penso.

Depois de duas sessões de aconselhamento, ficou óbvio que parte do problema era a própria atitude defensiva dele. Por ter tido suas ideias reprimidas quando criança, ele havia subconscientemente determinado que, quando fosse adulto, suas ideias sempre estariam certas; portanto, ele ficava na defensiva sempre que sua esposa ou qualquer outra pessoa questionava suas ideias.

Parte do problema também estava na obsessão da esposa em avaliar ideias e discutir cada uma delas até uma conclusão final, provando que uma está certa e a outra errada. Esse padrão de comunicação é muito sufocante. Qualquer um desses padrões normalmente requer a ajuda de um conselheiro, para fazer o casal entender o que está acontecendo e mudar de padrão. O que quer que interrompa o fluxo da comunicação entre o casal precisa ser descoberto e eliminado. Se vocês puderem fazer isso discutindo a questão entre si, ótimo. Se não puderem, é aconselhável que a discutam com um amigo ou que procurem aconselhamento profissional.

Não podemos nos dar ao luxo de deixar que a comunicação pare ou de permitir que a comunicação seja simplesmente um campo de batalha, no qual lutamos para resolver nossas diferenças. Uma comunicação positiva, aberta, livre e receptiva é a comunicação característica de um casamento funcional. O marido, como líder amoroso, deve tomar a iniciativa de garantir que esse tipo de comunicação se torne um estilo de vida.

3. *O marido amoroso coloca sua esposa no topo de sua lista de prioridades.* Todos nós vivemos com base em prioridades. Pode ser que nunca tenhamos escrito uma lista das nossas prioridades, mas em nossa mente classificamos algumas coisas como mais importantes do que outras. Essas prioridades são reveladas com mais frequência por nossas ações. Responda às perguntas: "Como gasto meu tempo? Como invisto meu dinheiro? Como uso minha energia?" e você terá a resposta para a pergunta "Quais são minhas prioridades?".

Muitas coisas competem por nossa atenção em um casamento — trabalho, tarefas a fazer, filhos, outros compromissos externos, talvez as necessidades de nossos próprios pais. Vamos falar dos filhos em particular. Um marido pode criticar sua esposa depois que os filhos chegam; ele pode sentir que os filhos o "substituíram" aos olhos da esposa. Essa é uma preocupação legítima — e, de fato, frequentemente é o que acontece. Mas isso também pode ser verdade em relação ao marido, particularmente em um casamento em que suas necessidades emocionais não são adequadamente supridas pela esposa ou quando ele se sente um tanto afastado dela. Ele pode se pegar concentrando mais tempo e energia nas crianças porque está recebendo mais retorno delas. Se o líder amoroso observar essa tendência em seu próprio comportamento, reconhecerá isso como algo que não é saudável, e tomará medidas para voltar a concentrar seu tempo e sua energia em suprir as necessidades da esposa e ajudá-la a aprender, por sua vez, como suprir às necessidades dele.

4. *O marido amoroso ama sua esposa incondicionalmente.* Amor incondicional significa que amamos a pessoa e, portanto, buscamos seu melhor interesse, independentemente da resposta que ela nos dá. Isso é profundamente contracultural. As ideias contemporâneas de amor seguem na linha do "eu amarei você se você me amar". Temos a tendência de ser egocêntricos, mesmo no casamento. O foco do nosso esforço é satisfazer nossas próprias necessidades. Na verdade, grande parte da psicologia moderna enfatiza isso como um comportamento normal. Alguns chegaram a dizer que todo o nosso comportamento em relação aos outros é motivado pela satisfação de nossas próprias necessidades.

O amor incondicional, em contrapartida, concentra-se em satisfazer às necessidades da outra pessoa. No casamento, isso significa que o marido zela pelo melhor interesse da esposa. Ele a apoia em seus esforços, mesmo quando pode não estar totalmente de acordo com eles. Ele a ajuda a alcançar seus objetivos e suas aspirações porque a valoriza como pessoa. Não é dizer "eu coloco as crianças para dormir se você me der sexo". É dizer "eu coloco as crianças para dormir porque sei que você está cansada".

Todos nós gostaríamos de pensar que alguém nos ama incondicionalmente. A criança anseia por receber esse tipo de amor de seus pais, mas maridos e esposas também desejam ter o amor incondicional um do outro. Os votos de casamento prometem amar "na saúde e na doença, na pobreza e na riqueza, por todos os dias da minha vida, até que a morte nos separe". Esse é um compromisso de amor incondicional. Em um casamento saudável, nós realmente experimentaremos esse amor.

Há muitos maridos que se veem como líderes machões e ficam à espera de que a esposa assuma a liderança no amor incondicional. Eles ficam sentados, dizendo: "Quando ela decidir demonstrar afeto, quando ela resolver pensar nas *minhas necessidades*, quando ela decidir ser mais receptiva a mim, então eu começarei a amá-la". Mas um marido que tem um comportamento saudável assumirá a liderança na questão do amor incondicional. Como se trata de uma necessidade tão fundamental para a saúde emocional das pessoas, a maioria das esposas responderá positivamente a um marido que as ame incondicionalmente. Muitas esposas vivem assombradas por um sentimento de que, a menos que tenham um bom desempenho sexual ou se comportem da maneira que o marido aprove, o amor de seus maridos lhes será subtraído. Isso não gera um casamento saudável.

5. *O marido amoroso está comprometido em descobrir e satisfazer às necessidades de sua esposa.* Talvez isso pareça redundante luz do que acabamos de dizer sobre o amor incondicional. Mas tenho observado ao longo dos anos que muitos maridos simplesmente não entendem as necessidades de sua esposa. Consequentemente, em sua ignorância, eles não fazem nenhum esforço para atender a essas necessidades. Alguns maridos acreditam que, se eles tiverem um emprego estável e trouxerem para casa um salário decente, cumpriram com seu papel de marido. Mas a necessidade emocional mais básica de uma esposa é se sentir cuidada. Um marido funcional

descobrirá a principal linguagem do amor de sua esposa e a usará regularmente, enquanto usará um pouco das outras quatro linguagens aqui e ali. Sua esposa viverá com um tanque de amor cheio, e é provável que ela o admire grandemente e corresponda ao marido que está satisfazendo a essa necessidade.

Sua necessidade de segurança também é fundamental. É primeiramente uma necessidade física — que marido já não saiu cambaleando da cama, às três da manhã, para investigar algum "barulho estranho" na casa? —, mas sua maior necessidade de segurança é a da profunda garantia de que seu marido está comprometido com ela. O marido que ameaça a esposa com referências a divórcio ou faz comentários levianos do tipo "você estaria melhor com outra pessoa" ou "acho que vou encontrar outra pessoa" está aderindo a um padrão prejudicial. O marido amoroso fará todos os esforços para comunicar à esposa que, aconteça o que acontecer, ele está com ela. Se houver desentendimentos, ele reservará um tempo para ouvir, entender e buscar uma solução. Se ela sofrer de alguma dor física ou emocional, ele estará ao seu lado. Betsy expressou bem isso quando disse sobre seu marido: "Sei que Greg está comigo, não importa o que aconteça. Ele está comprometido com nosso casamento. Isso me dá uma sensação de segurança".

O marido amoroso também se preocupa com o senso de autoestima da esposa. Se ela encontrar realização e sentido jogando voleibol, então ele será seu torcedor número um. Se ela se realizar sendo a melhor especialista em computadores da empresa, ele estará lá para expressar sua admiração por suas habilidades. Se ela escolher ser uma mãe que se "dedica à família" e não trabalha fora, ele apoiará sua decisão de todo o coração. Qualquer uma dessas vias para conquistar autoestima pode trazer ao marido alguma preocupação emocional ou exigir mais trabalho físico de sua parte. Mas ele está disposto a conversar com a esposa sobre suas dificuldades emocionais e a buscar compreensão e união, pois está comprometido com o bem-estar dela.

Não temos apenas uma parte física e uma parte emocional; também somos criaturas sociais. Alguns homens resistem à necessidade da esposa de desenvolver relacionamentos sociais fora do trabalho e da família, ou ao menos deixam passivamente que a esposa planeje todos os seus compromissos sociais. Uma esposa pode querer que seu marido vá à sinfonia com ela. Ela pode querer que ele inicie a tradição de jantares com os vizinhos ou que participe com ela de um estudo bíblico da igreja. Essas atividades podem não estar no topo da lista de prioridades do marido, mas rapidamente ganham importância porque satisfazer às necessidades dela é importante para ele. O marido reconhece que, ao ajudá-la a desenvolver relacionamentos sociais, ele está aumentando o senso de realização da esposa. Ele não critica essas coisas nem as menospreza, como se as considerasse superficiais e sem importância. Ele as vê como uma parte normal da vida dela e permite que os interesses da esposa o levem a satisfazer às necessidades dela.

6. *O marido amoroso busca ser exemplo de seus valores espirituais e morais. Todos os homens têm valores espirituais e morais.* Quando digo valores morais, eu me refiro a um conjunto de crenças sobre o certo e o errado. Quando digo valores espirituais, eu me refiro a um conjunto de crenças sobre o que existe além do mundo material.

Em uma família saudável e amorosa, o que um homem valoriza é demonstrado pela forma como ele vive. Quanto mais perto um homem chegar de viver pautado em crenças espirituais e morais dignas, mais ele será respeitado por sua esposa. Quanto maior a distância entre o que ele diz acreditar sobre essas questões e o que ele realmente faz na prática, maior o desrespeito que ele suscita.

É verdade que alguns homens não se sentem tão confortáveis quanto as mulheres em demonstrar de forma aberta e verbal seu compromisso espiritual, ou também podem expressar seu compromisso com a fé de outras maneiras — por exemplo, servindo e trabalhando ao lado de outros homens em algum projeto da igreja. Portanto, é importante olhar além de práticas específicas, como "liderar devocionais em família", e vislumbrar áreas tão amplas quanto gentileza, integridade e confiabilidade.

Em questões espirituais e morais, a melhor ferramenta de liderança do marido é seu próprio exemplo. Se a esposa vê que a vida do marido é consistente com o que ele diz acreditar, ela o respeitará, mesmo que discorde de suas crenças. Mas se ele não vive de acordo com as crenças que defende, então ela perde o respeito por ele. Isso não significa que o marido deva ser perfeito. Significa que ele deve fazer um esforço consciente para aplicar suas crenças espirituais e morais ao seu próprio estilo de vida. Quando ele falhar, deve estar disposto a reconhecer sua falha e pedir perdão. É nesse ato de confissão que ele demonstra que suas crenças são fortes e genuínas, e que não inventará desculpas por seu comportamento errado. Crenças espirituais e morais são mais bem captadas e apreendidas do que ensinadas. O marido amoroso buscará diligentemente ser autêntico. Tal autenticidade terá uma influência positiva sobre sua esposa e seus filhos. Qualquer coisa menos do que isso o fará parecer hipócrita.

Antes de deixar este tópico, devo reconhecer que, no âmbito da cosmovisão cristã, não se considera que essa vida autêntica seja algo obtido pelo esforço humano, mas resulta de uma pessoa abrir sua vida para o Espírito de Cristo e permitir que esse Espírito molde seu pensamento e suas ações. É um esforço de cooperação entre o espírito da pessoa e o Espírito de Deus. Não resulta de autodisciplina isolada. Essa, de fato, é uma das distinções singulares e típicas da fé cristã. É uma realidade que eu, particularmente, descobri ser extremamente libertadora.

Embora não seja uma lista exaustiva, as seis características listadas anteriormente servirão como diretrizes para o marido que busca ser um líder amoroso em seu casamento. Gostaria que nos primeiros dias do meu casamento alguém tivesse me dado uma lista dessas. A maioria dos princípios citados eu aprendi ao longo de vários anos de intensas dificuldades conjugais. A maioria dessas características não era verdadeira nos primeiros anos do meu próprio casamento. Na minha mente, isso explica a maioria das dificuldades que minha esposa e eu enfrentamos naqueles anos. Na época em que John, nosso antropólogo residente, passou um ano morando conosco, a maioria dessas características já havia sido desenvolvida em algum grau no meu relacionamento com Karolyn. A seguir, nas próprias palavras de John, está o que ele observou:

> Eu via você como o líder espiritual do lar. Você tomava a iniciativa em coisas como ler a Bíblia com a família e orar nas refeições, mas nunca senti que você fazia isso de forma dominadora. Parecia uma parte natural da vida. Toda a família estava envolvida.
>
> Eu me lembro que você parecia ansioso em servir a Karolyn. Você parecia respeitá-la muito. Nunca senti que se aproveitava dela. Você a via como uma parceira em pé de igualdade. Na verdade, vocês dois mostravam sentir um respeito genuíno um pelo outro. Vocês tinham personalidades muito diferentes, mas pareciam se complementar. Nenhum dos dois parecia ter ciúmes do outro. Vocês trabalhavam bem, como um time. Isso ainda me inspira admiração.

11

O que os pais fazem por suas famílias

Em minha prática de aconselhamento, muitas vezes encontrei pessoas que lutavam com o que tem sido chamado de "fome de um pai". Na minha opinião, grande parte da raiva, depressão e confusão que observo na vida de jovens adultos tem raízes na fome por uma conexão paterna. Essa fome resulta de receber da paternidade muito pouco em termos de quantidade e qualidade quando criança, de desfrutar muito pouca intimidade entre pai e filho.

Parece-me que essa deficiência paterna vem de três categorias de pais. A primeira, e mais óbvia, é a do pai ausente. Morte, divórcio e abandono deixaram milhões de crianças sem pais. Aproximadamente 23% das crianças que crescem nos Estados Unidos passarão uma parte da vida, antes dos 18 anos, em um lar monoparental, e a maioria dessas crianças terá um contato mínimo com seu pai.[9]

A segunda categoria é a que eu chamo de pai "presente, mas não disponível". Este é o pai que mora na mesma casa com a criança e a mãe, mas tem pouco tempo disponível para ser pai. O vendedor que fica fora a semana toda e está exausto nos fins de semana ou o executivo que passa quatorze horas por dia viajando e trabalhando, e só vê a criança quando ela está dormindo, são exemplos típicos desta categoria. A terceira categoria é a dos pais desamparados. Eles moram em casa, mas não têm a menor ideia de como construir um relacionamento íntimo com seus filhos. Eles não sabem como ser pais porque nunca tiveram um pai.

Infelizmente, alguns desses pais receberam tratamento severo de seus respectivos pais e, agora, reproduzem esse tratamento com seus próprios filhos. As crianças que crescem nesses lares não apenas sofrem pela falta de um pai, mas muitas vezes são tomadas por uma raiva intensa de seu pai, que se expressa em vários comportamentos antissociais. Esses pais destroem seus filhos, em vez de edificá-los. O pai que bate, molesta, acusa verbalmente ou perturba a estabilidade do lar com o vício em álcool, jogo, drogas ou com mau humor extremo é, na verdade, um antipai. Ele rouba o riso despreocupado da infância de seus filhos.

Tenho a opinião profundamente arraigada de que, se os pais dessas três categorias pudessem se tornar líderes amorosos para seus filhos, poderíamos mudar radicalmente o cenário social da próxima geração. Impediríamos que milhões de crianças se autodestruíssem e veríamos nossas comunidades cheias de crianças rindo, brincando e aprendendo, desenvolvendo seus potenciais criativos e intelectuais e se tornando adultos responsáveis e atenciosos. Alguns diriam que é um sonho impossível, mas, apesar de tudo, é a minha visão constante. É isso que me motiva a liderar seminários e cursos e a investir horas no consultório de aconselhamento, ajudando pais a verem a importância de seu papel na paternidade saudável e a aprenderem como exercê-la de forma eficaz.

Não é meu propósito neste capítulo minimizar o papel da mãe na criação de um filho. Esse papel é absolutamente essencial para uma criança saudável; contudo, pelo que tenho observado, as mães desta geração estão fazendo um trabalho muito melhor do que os pais. Em parte isso acontece porque, até bem recentemente, os pais não eram ensinados sobre a extrema importância do relacionamento pai-filho. Gosto da maneira como Schaller coloca: "O pai de uma criança é, normalmente, o primeiro homem a escrever seus pensamentos e sentimentos no coração de um filho".[10]

O que nossos pais nos dão

Grande parte da identidade pessoal da criança será influenciada pelas palavras e pelo tratamento vindos do pai. A criança passará a acreditar que é alguém especial, valioso, bom ou que não passa de uma pirralha inútil em grande parte pelas mensagens que receber de seu pai. Vi isso ilustrado de forma gráfica em meu consultório, por Pam, que disse: "Nunca me senti tão inteligente quanto as outras pessoas. Sempre achei que outras pessoas têm mais habilidades do que eu".

Na verdade, ela era uma contadora extremamente bem-sucedida; seus colegas admiravam suas conquistas. Ficou claro, por meio de conversas posteriores, que o que Pam sentia estava diretamente relacionado às mensagens que ela ouvira de seu pai, na infância. Como diz o dr. Schaller: "Carregamos nossos pais dentro de nós muito tempo depois de terem morrido. Continuamos a imitá-los, a dialogar com eles e a ouvi-los. [...] Muitos de nós continuamos a refletir essa imagem de nós mesmos que nossos pais escreveram em nossa alma".[11] Adultos que não receberam uma autoimagem positiva de seus pais, quando eram crianças, podem se sentir inseguros pelo resto da vida. Aqueles que receberam mensagens positivas e de apoio de seus pais geralmente serão fortes, mesmo em meio à adversidade.

Um pai também influencia fortemente o nível de motivação de um filho. Quando nossa filha se formou na faculdade de medicina, a copresidente da turma de formandos, Karen Popovich, fez o discurso. Fiquei profundamente comovido quando soube que o pai dele, também médico, havia morrido um mês antes. Com serena confiança, ela se dirigiu ao público, reconhecendo que a morte de seu pai a havia lembrado de que a ciência médica tem suas limitações. Mas, ao refletir sobre suas próprias realizações, ela homenageou seu pai quando disse: "Minhas realizações são, em grande parte, uma homenagem ao meu pai, que me ensinou ao longo dos anos que podemos realizar tudo o que sonhamos. Ele incutiu em mim uma atitude positiva de realizar tudo o que eu fosse capaz de realizar. Sempre serei grata a ele". Com palavras gentis, ela demonstrou a influência de um pai no nível de motivação de um filho.

A identidade sexual da criança também é fortemente influenciada pelo relacionamento pai-filho. Em uma família funcional, o pai reconhece que seu papel em nutrir a feminilidade de sua filha e a masculinidade de seu filho é tão importante quanto o papel da mãe. Expressões habituais de amor, palavras de apoio consistentes e reconhecimento de suas realizações ajudam muito uma filha a se tornar uma mulher segura, amorosa e alegre. Palavras e ações desse tipo não são menos importantes para o desenvolvimento da masculinidade de um filho. Isso não significa forçar o filho a se encaixar nas ideias do pai sobre o que significa ser homem; significa encorajá-lo nos interesses pessoais dele e permitir que ele saiba que, quaisquer que sejam seus interesses, você está lá para apoiá-lo e encorajá-lo. Estudos mostraram a importância de uma forte conexão com o pai para o desenvolvimento da sexualidade da criança.

Outra área em que o pai influencia a criança é no padrão como esta se relaciona com outras pessoas. O que os pais comunicam e demonstram sobre relacionamentos influencia fortemente a maneira como seus filhos se relacionam com as pessoas. Se o pai transmite a um filho a ideia de que os homens não falam sobre sentimentos, seu filho provavelmente terá grande dificuldade para discutir seus sentimentos com sua futura esposa. Se um pai sugere que as pessoas não são confiáveis, seus filhos terão a maior dificuldade para desenvolver confiança nos relacionamentos.

Se, pelo contrário, o pai transmitir que nada é mais importante na vida do que relacionamentos, se o uso que ele faz de seu tempo e dinheiro mostrar que realmente acredita nisso, então seus filhos provavelmente crescerão como pessoas que colocam os relacionamentos no topo de sua lista de prioridades. Se o pai demonstrar que a raiva deve ser reconhecida, mas controlada, que devemos processar nossa raiva sem violência, a criança estará muito mais propensa a ver a raiva como uma emoção saudável e a aprender maneiras de processá-la de forma construtiva. O papel do pai em ensinar habilidades relacionais aos filhos é extremamente importante.

Características do pai amoroso

1. *O pai amoroso envolve-se ativamente.* Ele tomará a liderança, a iniciativa. Em seu papel de pai, buscará agressivamente se envolver na vida da criança, desde o início. O pai passivo é um réu. Ele se relaciona com a criança somente quando ela inicia o processo. Quando a criança chora e depois implora

ou lhe dá um puxão, o pai passivo responde. Em uma família saudável, o pai está sempre procurando maneiras de se envolver na vida de seus filhos. Ele não espera que eles o provoquem, mas antecipa como pode estimular suas mentes ou emoções para que haja um crescimento positivo.

Um dos meus arrependimentos pessoais é que nossos dois filhos nasceram no antigo regime médico que não permitia que o pai entrasse na sala de parto. Parece-me que a prática atual de encorajar os pais a participarem do nascimento de seus filhos é um começo muito mais saudável para uma vida de paternidade ativa.

Embora eu não tenha tido permissão para entrar na sala de parto, aprendi desde cedo a ser um pai ativo. Guardo lembranças de segurar meus filhos quando bebês, mexendo a cabeça para a frente e para trás só para ver se seus olhinhos me seguiam, falando com eles em "linguagem de bebê" (que, em qualquer outro contexto, faria um homem parecer um louco). Alguns meses depois, eu me deitava no chão e deixava meus filhos engatinharem sobre mim e me acertarem com seus ursos de pelúcia. (É sempre importante o que você permite que crianças pequenas segurem nas mãos. Elas vão colocar na boca e comer o que estiverem segurando ou vão usar como arma contra você.) Então, vieram as bolas, os caminhões e os triciclos. Eu me engajei em todos eles. Essa é a alegria de ser pai — você pode regredir e não perder seu status.

2. *O pai amoroso arranjará tempo para estar com seus filhos.* Enfatizo a expressão "arranjará tempo", porque as demandas do mundo empresarial e profissional de hoje, bem como os longos deslocamentos que muitos de nós enfrentamos, tornam a participação na criação dos filhos ainda mais difícil. Mas mesmo os pais que ficam mais perto de casa podem ser

pais "ausentes", passando longas horas no computador, por exemplo. Mães que trabalham fora de casa tiveram de aprender a fazer malabarismos e a se sacrificar para ter tempo para os filhos. Os pais podem fazer o mesmo.

Uma das coisas que John observou, no período de um ano em que morou em nossa casa, é que, quando eu tinha compromissos noturnos, organizava minha agenda para poder voltar para casa à tarde, perto do horário em que as crianças chegavam da escola, e passava algumas horas ajudando-as com o dever de casa ou brincando com elas. Ele me via levando cada filho para tomar café da manhã fora, uma vez por mês, apenas para ter um tempo de qualidade com cada um deles individualmente. Se John ainda estivesse morando conosco alguns anos depois, ele teria me visto ajustar minha agenda para assistir aos jogos de futebol da liga infantil e, mais tarde ainda, aos jogos de basquete do ensino médio, quando Derek estivesse jogando. Ele teria me visto ajustar minha agenda para comparecer a recitais de piano e a outros eventos musicais nos quais nossa filha estivesse participando. Ele teria me visto caminhar com minha filha duas ou três noites por semana, para falar sobre livros, garotos e outros assuntos importantes. Ele teria me visto me esforçar para ficar de olhos abertos e ter conversas profundas com meu filho, cujas inspirações intelectuais e emocionais pareciam brotar depois das 23h. Não foi fácil arranjar tempo para a paternidade, mas sou grato por ter aprendido algo sobre a importância da paternidade desde cedo. Hoje, nossa conexão pai-filho/pai-filha ainda é forte.

3. *O pai amoroso envolve os filhos em conversas.*

— O que aconteceu na escola hoje? — Mark perguntou à filha Katie, que estava na quarta série.

—Tirei A em arte, ela disse.

— Maravilhoso — Mark respondeu. — Posso ver?

— Claro — ela disse, enquanto colocava a pintura sobre a mesa.

— Gostei. Diga-me uma coisa, no que você estava pensando enquanto pintava este quadro?

— Bem, quando estava pintando o céu, eu estava pensando sobre os dias que passamos na praia, neste verão. Lembra quando o céu ficava bem azul e nós nos deitávamos na areia e ficávamos olhando as nuvens?

— Eu me lembro — disse Mark. — A areia ficava muito quente.

— Só não ficava quando as ondas vinham — Katie lembrou o pai.

— Sim, e nós dois ficávamos molhados — disse Mark. — Do que você mais gosta quando vai à praia? — ele perguntou.

— Acho que do céu. É sempre tão bonito, e à noite a gente pode ver as estrelas. Não é como na cidade. As estrelas são super brilhantes.

— Lembra da noite em que vimos a Ursa Maior? — perguntou Mark.

— Lembro — disse Katie —, e Sam não conseguiu encontrá-la.

Mark riu e disse:

— Mas ele conseguirá. Talvez no ano que vem. Então, no que mais você estava pensando quando fez sua pintura?

E assim a conversa continua. E é assim que a conexão da criança com o pai se desenvolve.

Não há substituto para essas conversas do dia a dia. Elas são o meio pelo qual pai e filho discutem pensamentos, sentimentos, ideias, desejos e decisões. É com ela que uma criança aprende sobre a história do pai e o pai lhe ensina seus valores.

É nessas conversas que a criança faz perguntas e recebe respostas, e o pai dá encorajamento e planta ideias.

4. *O pai amoroso brinca com seus filhos.* Esta pode ser a parte divertida da paternidade — a menos, é claro, que você tenha a ideia distorcida de que brincar é para crianças e trabalhar é para pais. Na realidade, brincar nos dá a oportunidade de entrar no mundo dos nossos filhos em cada fase de seu desenvolvimento. Para a criança de berço, balançamos objetos brilhantes e observamos seus olhinhos se moverem de um lado para o outro. Colocamos objetos a alguns centímetros de distância e observamos a criança se esticar e levar o objeto à boca. Mais tarde, brincamos com bolas e lemos livros de histórias. Mais tarde ainda, jogamos futebol e brincamos no computador. Mas, o tempo todo, estamos compartilhando a vida com nossos filhos.

Um problema comum é que os pais muitas vezes querem transformar a brincadeira em trabalho. Sua ênfase está em vencer e em "fazer as coisas certo", em vez de se divertir. Conheci pais que nunca deixariam seus filhos vencerem em nenhum jogo. A filosofia deles é que se demonstrarem um nível mais alto de proficiência, a criança ficará motivada a vencê-los e, assim, atingirá seu potencial máximo. Na verdade, a maioria das crianças que nunca vencem um jogo com o pai acabará perdendo o interesse pelo jogo e passará a não gostar de jogá-lo. Ninguém gosta de perder sempre.

Nunca devemos esquecer que o principal objetivo da brincadeira é se divertir. Isso não significa que a criança não esteja aprendendo coordenação motora, percepções intelectuais ou habilidades atléticas, entre outras de que precisará na vida adulta. Tudo isso acontece de tempos em tempos, mas é o subproduto da brincadeira, e não o propósito dela. Brincar é um momento de rir, um momento para usar a imaginação, um momento de criar mundos de fantasia.

Uma menina de 5 anos que está vestindo sua boneca e explicando ao pai que está arrumando a boneca para ir a uma festa está expressando parte de sua própria fantasia do futuro. Ela também pode estar revelando muito do que entende sobre as atividades de seus pais. É no contexto da brincadeira que frequentemente ouvimos nossos próprios valores serem expressos por nossos filhos. Nós os ouvimos dizerem às bonecas o que frequentemente dizemos a eles. Lembro-me da garotinha em uma classe do jardim da infância que disse à sua boneca: "Agora você fica sentada ali no canto até seu pai chegar em casa". Eu tinha certeza de que a mãe ficaria envergonhada se tivesse presenciado o comportamento e as palavras da filha. Na brincadeira, aprendemos muito sobre o que se passa na mente de nossos filhos.

5. *O pai amoroso ensina seus valores.* Nos últimos anos, alguns têm considerado inapropriado ensinar valores aos filhos. A ideia é que a criança deve ter a liberdade de escolher seus próprios valores. Uma mãe se recusou a ensinar aos filhos qualquer uma das canções religiosas que ela havia aprendido quando criança, pois não queria predispor seus filhos a alguma visão religiosa em particular. Tal filosofia assume que as crianças crescem em um vácuo e que, quando chegam a uma certa idade, elas então escolhem os valores que lhes convierem. Na minha opinião, essa é uma suposição completamente falsa.

As crianças são influenciadas, desde seus primeiros dias, por tudo o que as cerca. Pais, professores, quem cuida delas, colegas, a mídia — todos têm um impacto sobre o pensamento e as emoções das crianças. E, mesmo que conscientemente procuremos não verbalizar nossos valores, nós os ensinamos pela maneira como vivemos. Na verdade, nossos valores determinam o nosso comportamento. Não é difícil para uma criança determinar o que é importante para os pais, mesmo que eles não digam isso verbalmente. Por exemplo, o pai que vai trabalhar diariamente sem reclamar ensina a uma criança, por meio desse comportamento, que trabalhar é algo honrado, bom e altamente valorizado. A criança aprende o valor do trabalho sem uma palavra sequer.

O pai que escolhe ser um líder amoroso acredita em seus próprios valores, pois descobriu que estes lhe trazem um nível de satisfação, de paz de espírito e de propósito na vida. Sendo assim, ele deseja ensinar esses valores a seus filhos. Valores são simplesmente aquelas coisas na vida às quais atribuímos importância. Valores são convicções fortemente sustentadas pelas quais organizamos nossa vida. Se acreditarmos na virtude da honestidade, então buscaremos ser honestos em nossas relações com os outros. Se acreditarmos na virtude do trabalho árduo, então buscaremos trabalhar honestamente para o nosso empregador. Se acreditarmos na virtude da gentileza, isso será demonstrado na maneira como tratamos e falamos com nossos vizinhos.

Evidentemente, ensinar valores é uma tarefa parental que é assumida tanto pela mãe quanto pelo pai. Minha ênfase aqui é na intencionalidade que o pai dedica à formação dos valores, pois se o pai fica calado nesse aspecto, enquanto a mãe fala sobre isso, os filhos podem ficar inseguros e até mesmo confusos quanto ao que os pais consideram ter valor.

Como a maioria dos valores com os quais estou pessoalmente comprometido estão enraizados na Bíblia, nosso antropólogo residente frequentemente me via sentado no sofá lendo uma história da Bíblia para as crianças, deixando que elas me fizessem perguntas e fazendo algumas perguntas para elas. Eu me sinto encorajado pelo fato de meus filhos adultos terem escolhido viver hoje dentro desse sistema de valores.

Há alguns anos, eu estava reclamando com meu filho, que na época fazia pós-graduação, por causa da quantidade de multas por estacionamento que ele havia recebido em Cambridge, Massachusetts. Seu apartamento ficava nas proximidades de Arlington. Ele me explicou que, para obter um cartão que permitisse estacionar na cidade de Cambridge, é preciso morar em Cambridge. "Alguns dos meus amigos", ele disse, "mentiram e conseguiram cartões para poderem estacionar em Cambridge sem receber multas por estacionamento. De alguma forma, eu simplesmente não achei que isso era honesto, então não fiz o mesmo que eles. Eu preferi receber algumas multas por estacionamento do que mentir." Foi um lembrete gritante para mim de que a honestidade às vezes custa caro, mas ainda acredito que é a melhor política, e estou feliz em ver meu filho praticando essa virtude em sua vida.

6. *O pai amoroso provê para as necessidades de seus filhos e os protege.* Esse é o nível mais básico da paternidade. Atender a necessidades como comida, roupas e abrigo de um filho é o mínimo que o pai pode fazer por sua prole. Fico chocado com os milhares de pais hoje em dia que escolhem se separar das mães de seus filhos e não têm o menor senso de responsabilidade em prover para as necessidades físicas dessas crianças. É o tipo mais fundamental de rejeição. Não é de se admirar que muitos dos filhos e das filhas desses pais, quando crescem, descontem nos outros o que provavelmente é uma raiva deslocada em relação a seus pais.

Certa vez, tive um amigo que, com mais de 50 anos, perdeu o emprego que lhe trouxe uma boa renda por muitos anos.

Para pagar as contas mais básicas, ele deixou de lado seu terno e gravata e aceitou um emprego para estocar mercadorias em uma loja de alimentos local, no terceiro turno. Era um mundo totalmente novo para ele, mas meu amigo escolheu o caminho mais sublime do trabalho honesto, em vez do caminho do desemprego. Depois de várias semanas nesse trabalho, eu disse à filha do meu amigo, na frente dele:

— Quero que você saiba o grande respeito que tenho pelo seu pai. Conheci muitos homens que perderam o emprego e esperaram meses para que o emprego certo aparecesse. Seu pai não fez isso; ele tomou a iniciativa de trabalhar em uma situação muito difícil, para prover uma renda para sua família. Tenho grande admiração por ele.

Eu pude ver o brilho nos olhos dela e soube que ela também admirava a escolha do pai.

O pai amoroso também protegerá seus filhos. Sim, ele trancará as portas à noite. Pode ser que ele mande instalar um sistema de alarme ou, ao menos, coloque uma poltrona grande na frente da porta à noite. Essas ações, na minha opinião, são um simples ato humano de amor, que mostra que ele quer o melhor para seus filhos e está comprometido em protegê-los de qualquer um que lhes faça mal.

O pai que ama seus filhos fará todos os esforços para impedir que drogas e álcool destruam a vida de sua prole. Em última análise, ele não pode controlar o comportamento de seus filhos, incluindo a escolha deles de fazer uso de álcool ou de outras drogas, mas fará tudo que estiver ao seu alcance, por meio tanto de seu exemplo quanto de seus ensinamentos, para mantê-los longe desses perigos. Ele reservará tempo para conversar com professores, diretores e treinadores ou qualquer outra pessoa que possa ajudá-lo nessa busca de proteger seus filhos. Um de seus desejos mais fundamentais é que seus filhos vivam para que possam experimentar algumas das alegrias que ele próprio experimentou na vida.

7. *O pai amoroso ama seus filhos incondicionalmente.* Muitos pais passam essas mensagens aos filhos: "Eu te amo se você tirar boas notas; eu te amo se você se sair bem nos esportes; eu te amo se você limpar seu quarto; eu te amo se você der comida para o cachorro; eu te amo se você não gritar comigo; eu te amo se você ficar fora do meu caminho". Esse amor é um pagamento por comportamento correto. O amor verdadeiro não impõe condições. "Eu sou seu pai e estou comprometido com o que for melhor para você, não importa o que aconteça. Se você faltar à escola, eu ainda o amarei. Farei tudo o que estiver ao meu alcance para garantir que frequente a escola, mas não o rejeitarei, mesmo que você não corresponda às minhas expectativas. Meu amor me levará a discipliná-lo, quando eu achar necessário. Mas, por causa do meu amor, eu jamais rejeitarei você." Esse é o tipo de amor que toda criança merece receber de seu pai.

Ponto de vista do filho: a ausência do pai

Como já discutimos a importância do amor em um capítulo anterior, não vou insistir no assunto. Mas quero enfatizar que o amor do pai é essencial para o desenvolvimento emocional saudável de seus filhos. Mesmo as crianças que foram privadas de um pai amoroso sonham com um pai assim. Ouça as palavras a seguir, escritas em um ensaio sobre o tema "O que é um homem?", escrito por um aluno do segundo ano do ensino médio, de 16 anos, cujos pais se divorciaram quando ele tinha 8 anos. Seu pai foi embora e nunca mais voltou; seu padrasto era tirânico e frequentemente lhe dizia coisas como: "Cale a boca. Você não vale nada. Seu estúpido. Você nunca chegará a lugar nenhum". Esse é um garoto que nunca teve um pai de verdade, que nunca experimentou o amor sólido de um homem de verdade; mas ele tinha uma visão do que é ser um homem. Aqui está o que ele escreveu:

> Um homem de verdade é gentil.
> Um homem de verdade cuida de sua família.
> Um homem de verdade se afasta de tolas brigas de machos.
> Um homem de verdade ajuda a esposa.
> Um homem de verdade socorre os filhos, quando eles estão doentes.
> Um homem de verdade não foge de seus problemas.
> Um homem de verdade cumpre sua palavra e suas promessas.
> Um homem de verdade é honesto.
> Um homem de verdade não tem problemas com a lei.[12]

Esse é o ponto de vista que um garoto solitário tem de um pai que ama incondicionalmente.

12

Somente para esposas: a bela arte de encorajar

Acredito que a maioria dos maridos esteja situado em algum ponto entre "perfeito em todos os sentidos" e "um completo fracasso". Pode ser que você, como esposa, tenha lido os capítulos anteriores e desejado que seu cônjuge pudesse se enquadrar na descrição de marido e pai amoroso. Tenho uma palavra de encorajamento para você, esposa: ele pode. Mas não consegue fazer isso sem você.

Não estou sugerindo que você possa mudar seu marido. Estou sugerindo que você pode ser uma influência positiva na vida dele. As sete ideias que vou apresentar a seguir são pensamentos que compartilhei com centenas de esposas, ao longo de anos de prática de aconselhamento. Elas foram aplicadas e consideradas eficazes por muitas pessoas.

Homens reagem positivamente a elogios

Jack era um homem durão no mundo dos negócios, mas, no meu consultório, ele estava chorando.

— Eu não entendo. No mundo dos negócios, sou respeitado. As pessoas me procuram para pedir conselhos, e muitas vezes sou elogiado. Mas, em casa, tudo o que recebo são críticas. Os comentários da minha esposa sobre mim são sempre críticos. Você poderia achar que eu sou um completo fracasso. Eu sei que não sou, mas acho que é assim que ela me vê.

Mais tarde, enquanto eu conversava com sua esposa, Liz, descobri que ela concordava que ele era um bom marido e pai — mas havia algumas áreas nas quais ela estava convicta de que ele precisava crescer. E ela estava determinada a chamar a atenção dele para isso.

O problema era que o que para Liz eram sugestões, Jack via como críticas. Os esforços dela para encorajá-lo a crescer saíram pela culatra. Em vez de fazer mudanças positivas, ele se ressentia dela. Sua motivação para mudar esgotara-se.

O fato é que nenhum de nós responde bem a críticas constantes. Em compensação, todos nós reagimos bem a expressões de elogio e de apreço. Da criança mais nova ao adulto mais velho, quando nosso fã-clube nos aplaude, nós nos esforçamos mais. A criança que cai, quando está aprendendo a andar, será encorajada a tentar de novo pelo adulto que a incentivar. O marido que quer desesperadamente se sentir bem acerca de si mesmo se sentirá encorajado a se esforçar mais quando a esposa elogia seus esforços.

Portanto, se você quer motivar seu marido a crescer, concentre-se nas coisas que ele está fazendo bem e elogie-o. E, *por favor, não espere pela perfeição para depois elogiá-lo.* Elogie-o pelo esforço, mesmo que o desempenho não esteja à altura de suas expectativas. A maneira mais rápida de influenciar desempenhos de qualidade no futuro é expressar apreço por desempenhos passados. Talvez você esteja se perguntando: "Mas se eu elogiá-lo por um desempenho medíocre, isso não sufocará o crescimento?". A resposta é um sonoro não. Seu elogio o incentiva a buscar maiores conquistas. Em contrapartida, se você não expressar apreço pelos esforços dele ao longo do caminho, ele pode concluir que isso não é importante para você e ficar desmotivado. Meu desafio para você é que procure coisas que seu marido esteja fazendo certo e o elogie por isso. Elogie-o em particular, elogie-o na frente dos filhos, elogie-o na frente de seus pais e dos pais dele, elogie-o na frente dos amigos dele. Então, sente-se e assista enquanto ele corre atrás da medalha de ouro.

Pedidos... não exigências

Nenhum de nós gosta de ser controlado, e exigências são esforços para controlar o outro. "Se você não cortar a grama esta tarde, então eu mesma vou cortá-la." Se eu fosse você não faria uma exigência dessas, a menos que queira virar a cortadora de grama oficial da casa. É muito mais eficaz dizer: "Você sabe o que realmente me faria feliz?", e esperar que ele pergunte "O quê?". Então, diga: "Se você cortasse a grama hoje à tarde". E pode ainda acrescentar: "Eu estou até disposta a ajudar, se você quiser". (Mas não acrescente essa última oferta, a menos que seja sincera!)

Deixe-me ilustrar isso, aplicando o princípio a você. Como se sentiria se seu marido dissesse: "Você nunca mais fez um bolo para mim desde que o bebê nasceu. Será que vou ter que comer de supermercado por mais dezoito anos?". Ora, ouvir isso motiva você a correr para a cozinha e começar a fazer um bolo? As chances são mínimas. Mas imagine que ele lhe dissesse: "Sabe o que eu gostaria muito de comer? O seu bolo de chocolate, aquele com nozes. Mas só quando você tiver um tempinho...". Aposto que ele estará comendo um bolo quentinho antes do fim da semana. Por quê? Ora, porque todos nós reagimos mais positivamente a pedidos do que a exigências.

Quando você quiser motivar seu marido a passar mais tempo com as crianças, não diga: "Se você não começar a passar mais tempo com as crianças, vai perder a oportunidade de participar da vida delas. Elas vão sair de casa antes que a gente perceba". É muito melhor compartilhar seu desejo na forma de um pedido. "Você poderia jogar xadrez com a Anna hoje à noite? Ela se divertiu tanto da última vez que vocês jogaram juntos." Não estou sugerindo que seu marido fará tudo o que você pedir. Estou sugerindo que ele será muito mais receptivo a pedidos seus do que a exigências.

Quanto mais específico for seu pedido, mais fácil será que seu marido responda. Pedidos como "gostaria que a gente se divertisse mais" ou "gostaria que você passasse mais tempo com Josh" são genéricos demais para serem eficazes. É muito melhor pedir para vocês irem ao cinema ou que ele ajude o Josh em alguma tarefa escolar.

Talvez você ache que isto pode ajudar: escreva em um papel as seis características de um marido amoroso e as sete características de um pai amoroso; então, abaixo de cada uma delas, escreva um ou dois pedidos específicos que você acha que melhorariam o papel do seu marido como líder amoroso. Mas, por favor, não entregue a ele sua lista de pedidos de uma só vez; selecione da lista um pedido por semana. Acrescente um pequeno elogio junto com seu pedido, e é bem possível que você veja seu marido reagindo de forma muito mais positiva aos seus desejos.

Os homens também precisam de amor

Parece simples, mas é fácil de esquecer: os homens precisam encarecidamente de amor emocional. A pessoa que um homem mais gostaria que o amasse é sua esposa e, de fato, se ele realmente se sente amado por ela, o mundo parece brilhante e ele atingirá seu potencial mais alto. Se, ao contrário, seu tanque de amor estiver vazio e ele não se sentir amado pela esposa, o mundo parecerá escuro e ele afundará para o nível mais baixo. Portanto, poucas coisas são mais importantes para motivar seu marido a ter um crescimento positivo do que suprir a necessidade de amor dele de forma consistente. Em uma seção anterior, discutimos as cinco linguagens do amor e a importância de aprender a falar a principal linguagem do amor de seu cônjuge. Não repetirei essas informações aqui, exceto para dizer que poucas coisas são mais importantes do que descobrir e falar a principal linguagem do amor de seu marido. Se você falar a linguagem dele de forma consistente, suprirá a sua necessidade de amor emocional. Com um tanque de amor cheio, ele ficará muito mais motivado em seus esforços para ser um marido e pai amoroso.

Tenho um arquivo cheio de cartas como esta a seguir:

Dr. Chapman, sinto-me compelida a escrever para agradecer pelo seu livro *As 5 linguagens do amor*. Ele mudou meu casamento radicalmente. Meu marido e eu estávamos à deriva em nosso relacionamento. Estávamos nos sentindo distantes e nossos conflitos estavam surgindo com mais frequência. Uma amiga me deu seu livro e, quando o li, descobri que eu não estava falando a principal linguagem do amor do meu marido havia muitos anos, e ele também não estava falando a minha. Sugeri que ele lesse o livro, mas sua agenda é bem cheia e ele não o leu por várias semanas. Fiquei desapontada, mas decidi colocar em prática o que eu havia aprendido. Então, comecei a falar a linguagem do amor dele com regularidade. Toda a atitude dele em relação a mim começou a mudar. Quando ele me perguntou por que eu andava tão diferente ultimamente, disse a ele que era por causa do livro que eu tinha lido sobre as cinco linguagens do amor. Ele decidiu que talvez devesse ler o livro. Ele o leu e nós conversamos sobre o livro. Ele reconheceu que também não estava falando a minha linguagem do amor principal e, na semana seguinte, vi uma nítida mudança em sua resposta a mim. Agora nós dois estamos com nossos tanques de amor cheios e nosso casamento nunca esteve melhor. Eu só queria agradecer-lhe pelo livro e lhe dizer que estou falando dele para todas as minhas amigas.

Atenciosamente,
Beverly

Beverly não é a única. O amor é a arma mais poderosa para o bem no mundo, e quando uma esposa escolhe amar seu marido e aprende a expressar esse amor em sua principal linguagem de amor, o tanque de amor do marido começa a encher e sua atitude começa a mudar. Isso faz uma diferença profunda em seu nível de motivação para trabalhar em seu casamento e em suas habilidades parentais.

Suprindo as necessidades um do outro

De muitas maneiras, o casamento é uma sociedade de ajuda mútua. Nós dois somos criaturas com carências. Foi isso que nos uniu. O ponto principal é que homens e mulheres foram feitos um para o outro. Nossas diferenças foram projetadas para se complementarem. Quando o casamento é saudável, as necessidades do marido são supridas por um relacionamento íntimo com a esposa, e as necessidades dela são supridas por um relacionamento íntimo e amoroso com o marido.

Em seu livro *His Needs, Her Needs* [As necessidades dele, as necessidades dela], Willard Harley afirma que as cinco principais necessidades do marido são (1) realização sexual, (2) companhia recreativa, (3) uma esposa atraente, (4) apoio no lar e (5) admiração; enquanto as cinco principais necessidades da esposa são (1) afeição, (2) diálogo, (3) honestidade e franqueza, (4) apoio financeiro e (5) compromisso com a família.[13]

Isso não significa que todos os maridos e todas as esposas se encaixem perfeitamente em uma categoria. Mas significa que nossas necessidades são quase sempre diferentes.

O importante é descobrir as necessidades básicas do seu marido e as maneiras pelas quais você pode supri-las. Suprir essas necessidades aumentará o senso de autoestima e de realização dele. Nos capítulos anteriores, dissemos que descobrir e suprir as necessidades da esposa é uma das características de um marido amoroso. Agora, estou sugerindo que, se você quiser encorajar seu marido nessa empreitada, pode fazer isso melhor por meio de um esforço consciente para suprir às necessidades dele. Quando cada um se concentra em suprir as necessidades do outro, ambos se tornam vencedores. Esse é o casamento na sua melhor performance. Quando nossas necessidades são supridas, nossos filhos não apenas têm um modelo de casamento bem-sucedido, eles são os beneficiários do que transborda do relacionamento do casal. Maridos e esposas cujas necessidades emocionais são supridas um pelo outro são muito mais eficazes na criação dos filhos.

Por que os maridos ficam na defensiva

As esposas sempre me perguntam: "Por que meu marido fica tão na defensiva?". Megan disse: "Tudo o que preciso fazer é mencionar que a grama precisa ser aparada e ele fica furioso. Por que ele fica tão irritado?". Allyson disse: "Estamos viajando na estrada. Está tudo bem. Percebo que ele está a

112 quilômetros por hora. Lembro a ele que o limite de velocidade é 85, e ele começa a gritar e a berrar. Não entendo o comportamento dele". Tanto Megan quanto Allyson estão vivenciando reações defensivas de seus maridos. Esse comportamento parece totalmente incompreensível para elas. O fato é que ambos os maridos estão revelando algo sobre si mesmos. A atitude defensiva sempre revela o eu interior.

A atitude defensiva é a reação que tenho quando alguém toca na minha autoestima. Quando algo ameaçar meu senso de autoestima, adotarei uma reação defensiva. Os maridos de Megan e de Allyson estão revelando um ponto crítico de sua autoestima. Em suas histórias pessoais, algo vinculou o corte da grama e o excesso de velocidade à sua autoestima. Talvez tenha sido um pai que ficava constantemente no pé do filho para cortar a grama, que lhe dizia que ele era um filho inútil porque tinha de ser pressionado para cortar a grama toda semana. Talvez tenha sido uma série de multas por excesso de velocidade na adolescência que comunicaram a mensagem "Você é um péssimo motorista"; então, quando a esposa menciona o gramado ou o limite de velocidade, eles têm reações defensivas. Ou talvez o problema seja mais geral; o comentário dela soa como uma crítica para ele, que então se sente atacado.

Não sabemos quais são esses pontos críticos emocionais, até tocarmos em um deles. Seria uma boa ideia você fazer uma lista de todas as reações defensivas do seu marido. Anote o que você disse ou fez e como ele reagiu. Você começará a descobrir esses pontos críticos e, no devido tempo, com a devida reflexão, descobrirá por que ele está respondendo defensivamente. Sempre que você fizer ou disser algo que provoque uma mensagem negativa sobre a autoestima dele, seu marido ficará na defensiva. Sua atitude defensiva está revelando a você as mensagens autodepreciativas que estão registradas no eu interior dele. Quando você chega a essa percepção, entende mais prontamente por que ele está na defensiva. Sem entender isso, as reações defensivas dele provavelmente provocarão raiva em você ou perplexidade diante do comportamento dele. Com essa percepção, você estará preparada para aprender uma resposta mais construtiva.

O segredo para aprender a diminuir as reações defensivas dele é a esposa aprender a comunicar suas respectivas preocupações de forma que não afete a autoestima do marido. Por exemplo, vamos dar uma olhada na atitude defensiva de Bill em relação ao pedido de Megan para que ele corte a grama. Se ele tende a ficar na defensiva sempre que ela menciona o gramado, ela pode presumir que isso está de alguma forma ligado à autoestima dele. Portanto, em uma conversa franca com ele, em uma noite em que eles não estiverem discutindo, Megan pode dizer algo como: "Bill, quero discutir algo com você que acho que deixará nossa vida melhor. Percebi que toda vez que falo para você sobre cortar a grama, sua reação natural é ficar na defensiva. Estou supondo que algo em seu passado, relacionado a cortar a grama, esteja causando essa atitude defensiva. Está evidente que você acha isso ofensivo. Espero que você saiba que minha intenção não é irritá-lo; por isso, eu gostaria de encontrar uma maneira melhor de lidar com esse assunto. Minha preocupação é simplesmente que o quintal pareça apresentável. Não estou tentando menosprezá-lo nem criticá-lo. Você é um marido maravilhoso, e na maior parte do tempo o quintal está bonito. Seria melhor se eu lhe escrevesse um bilhete, quando eu achar que o quintal precisa de cuidado, em vez de dizer isso para você? Ou prefere que, quando eu achar que o quintal precisa de cuidado, eu mesma faça isso? Ou prefere ainda que eu contrate alguém para fazer isso? Ou você tem outras sugestões?". Provavelmente, Bill será receptivo ao que ela está dizendo, e juntos eles poderão encontrar uma maneira para ela expressar sua preocupação com o quintal sem provocar uma reação defensiva dele.

Procure aprender com as reações defensivas do seu marido. Se ele optar por ler este capítulo, talvez vocês possam discutir todo esse conceito da atitude defensiva um com o outro, e ambos possam chegar a perceber os pontos críticos da autoestima um do outro. Essa compreensão criará uma intimidade mais profunda entre vocês dois, bem como os levará a maneiras menos defensivas de se relacionarem.

Homens, sexo e emoções

O rosto dela estava rubro. Sua voz, desesperada. "Dr. Chapman, o que há de errado com meu marido? Toda vez que me viro, é sexo, sexo, sexo. Acho que é tudo o que ele tem em mente. Casamento não é mais do que apenas sexo?". Quantas esposas já não compartilharam desses sentimentos ao longo dos anos? Na seção sobre intimidade conjugal, discutimos as diferenças entre homens e mulheres na questão do sexo. Para a esposa que deseja incentivar que o marido cresça como um líder amoroso, é importante se lembrar dessas diferenças.

O impulso sexual masculino está enraizado em sua anatomia. As gônadas estão continuamente produzindo células de esperma. Estas são armazenadas junto com o líquido seminal nas vesículas seminais. Quando as vesículas seminais ficam cheias, há um impulso físico para a liberação. Isso gera um impulso sexual masculino intensificado. Não há nada comparável a isso na mulher. Ela tem seu período menstrual, e isso certamente afeta seu desejo sexual, mas fisicamente não há nada que se acumule internamente, impelindo-a para uma liberação sexual. Seu desejo por intimidade sexual está mais enraizado em suas emoções. Quando ela se sente emocionalmente amada e próxima de seu marido, é muito mais provável que queira ter intimidade sexual. Mas quando ela não se sente amada nem cuidada, pode ter pouco interesse na parte sexual do casamento, a menos que essa seja a única situação em que ela se sinta amada.

Entender e responder a essa diferença pode afetar muito a atitude do marido em relação à esposa. Quando o apetite sexual do marido não é satisfeito, ele tende a ficar irritado e retraído ou crítico. Quando sua necessidade sexual é satisfeita, ele tende a ficar mais relaxado e calmo. Se o marido fez um progresso considerável no desenvolvimento das características de um líder amoroso, conforme estão descritas nesta seção, é provável que sua esposa ache fácil ser sexualmente responsiva a ele, e seu relacionamento sexual será uma experiência positiva para ambos. Mas se ele tiver deficiências como líder amoroso, esta pode ser uma área de sérias dificuldades.

Assim como encorajei o marido a amar sua esposa incondicionalmente, aqui devo encorajar a esposa a amar seu marido incondicionalmente. Na área sexual, isso pode significar ir contra suas emoções. Reconhecendo a natureza da necessidade sexual dele e desejando tomar a iniciativa de amá-lo, a esposa inicia a intimidade sexual como uma expressão de amor. Satisfazer a necessidade sexual do marido regularmente cria uma atmosfera na qual ela pode dizer a ele como satisfazer com mais eficácia a necessidade dela, fazendo pedidos específicos a ele. Nesse contexto de amor, ele provavelmente responderá aos

pedidos dela e, ao fazê-lo, satisfará as necessidades emocionais da esposa.

Se, ao contrário, ela optar por usar o sexo como uma arma contra ele e lhe negar sexo até que ele ceda às exigências dela, a esposa terá criado um campo de batalha em vez de um relacionamento amoroso. Em batalhas assim não há vencedores. As batalhas tendem a escalar até que uma parte destrua a outra. Um casamento saudável é criado por esforços genuínos para satisfazer às necessidades um do outro. A esposa que toma a iniciativa na área sexual terá uma influência positiva sobre os esforços do marido para desenvolver suas respectivas habilidades de liderança amorosa.

Confrontar pode ser um ato de amor

Na maioria dos casamentos, as seis sugestões que fiz neste capítulo terão uma influência positiva sobre a atitude do marido. Elogios tendem a gerar elogios; pedidos tendem a ser honrados. Quando as necessidades do marido são satisfeitas, ele acha mais fácil responder às necessidades da esposa. Amor gera amor, e quando a atitude defensiva é compreendida e neutralizada, a vida flui suavemente. Quando as necessidades sexuais são satisfeitas, ele fica livre para se concentrar em outras questões familiares. Mas eu seria injusto se desse às esposas a impressão de que se elas seguirem essas seis diretrizes, seus maridos sempre continuarão a crescer como maridos e pais amorosos. Há momentos em que os maridos devem ser confrontados sobre algum comportamento irresponsável.

Confrontar não é uma palavra negativa. Na verdade, é um ato de amor, se for feito com a atitude correta. Vamos voltar às três esposas que conhecemos no capítulo 10. O marido de

Elaine não tem um emprego estável há dez anos e, quando está desempregado, passa o tempo assistindo tevê e se exercitando na academia local. Elaine carregou a carga financeira durante todo o casamento. Não sei se o marido dela teria respondido de forma diferente se ela tivesse colocado em prática as seis sugestões deste capítulo. O que sei é que se o padrão de irresponsabilidade dele persistir, apesar dos esforços dela, então o confronto seria um ato de amor.

Imagine que Elaine tenha dito a ele, logo no início do casamento: "Eu te amo muito. É meu desejo ter um relacionamento íntimo com você. Percebi que em todos os empregos que teve, você acabou encontrando defeitos no emprego ou nas pessoas com quem trabalha. Desta vez, em vez de pedir demissão, quero pedir que você converse com alguém sobre a situação e tente encontrar uma maneira diferente de lidar com o problema". Ela pode até ter sugerido que ele converse com algum conselheiro ou pastor específico.

Se ele recusar esse pedido e repetir o padrão de abandonar o emprego, então é hora de ela expressar amor firme e informá-lo de que não continuará a pagar as contas, enquanto ele fica assistindo tevê e se exercitando na academia. E ela deve tomar medidas adequadas para mostrar a ele que está falando sério. A única maneira de quebrar um padrão de comportamento irresponsável é responsabilizar a pessoa por suas ações. Enquanto ele for capaz de ter o que quer e desfrutar disso também, não é provável que seus padrões em relação ao trabalho mudem. Com o amor firme a esposa corre o risco de perdê-lo, mas também tem o potencial de estimular o crescimento dele, o que lhe dará um marido mais responsável.

Tracy era a esposa cujo marido trabalhava normalmente e supria as necessidades financeiras da família, mas era um controlador excessivo. Ele considerava as ideias dela inúteis, não tolerava que ela questionasse seu comportamento e se tornava beligerante quando ela questionava qualquer uma de suas ações. Tracy estava vivendo subjugada a um marido dominador.

Se os esforços amorosos que discutimos neste capítulo não incentivarem uma mudança positiva em seu marido, então há espaço para que ela diga a ele com gentileza e firmeza: "Eu te amo muito para deixar que você destrua a si mesmo e a mim. Em muitos aspectos, você é um marido maravilhoso. Mas na questão do controle, você está destruindo nós dois. Até que esteja disposto a discutir o problema comigo e com um conselheiro, até obtermos ajuda, não poderei viver com você. Estou totalmente disposta a trabalhar em nosso casamento e acredito que temos um casamento que vale a pena salvar, mas não posso fazer isso sozinha. Preciso da sua cooperação". Repito que, com esse confronto, ela corre o risco de gerar a crise da separação; mas às vezes uma crise é necessária para estimular o crescimento positivo. Tracy não está abandonando o marido ao tomar essa atitude; na verdade, ela o ama o bastante para correr esse risco.

Becky era aquela esposa cujo marido era passivo em todas as áreas, exceto em relação à sua vocação e ao seu computador. Há seis anos o quarto do casal precisava ser pintado. Quando as bicicletas das crianças precisavam de conserto, ele levaria meses para ir atrás. O primeiro recurso de Becky, assim como foi com Elaine e Tracy, deveria ser tentar colocar em prática as seis sugestões que fizemos neste capítulo; porém, se, ao longo do tempo, elas não incentivarem algum crescimento em seu marido, há espaço para o confronto. Ela pode dizer a ele: "Eu te amo muito. E aprecio muito o fato de você trabalhar regularmente e contribuir financeiramente para nossa família. Mas quero que você saiba que não posso continuar a conviver com esse seu espírito de passividade. Eu não espero que você seja o Super-Homem, mas preciso que assuma pelo menos um projeto aqui em casa toda semana. Estamos pagando para cortar a grama do quintal, e não vejo problema nisso. Mas há outras coisas que precisam de sua atenção. Estou pedindo sua ajuda. Não quero sobrecarregá-lo, mas desejo ver uma mudança em sua atitude. Se eu não puder contar com você para tomar a iniciativa de assumir algum projeto por semana em nossa casa, terei que encontrar alguém em quem eu possa confiar e que eu possa contratar para fazer essas tarefas. Se isso não lhe parece razoável, então estou disposta a discutir essa questão com você e um conselheiro. Quero mais do que tudo ser uma boa esposa para você, e estou aberta a suas sugestões, mas deve ser uma via de mão dupla".

Se tal confronto parece ser uma atitude dura e ameaçadora, deixe-me recordá-la de que este é seu último recurso. Quando você já tentou o poder do elogio, quando já fez pedidos específicos, quando já o amou incondicionalmente e procurou satisfazer às necessidades dele, quando já procurou entender sua atitude defensiva e encontrar maneiras de levantar sua autoestima, quando já procurou corresponder a ele sexualmente, e ele ainda assim continua envolvido em um comportamento irresponsável, é hora de um confronto forte, firme e amoroso. Tal atitude é, de fato, a coisa mais amorosa que uma esposa pode fazer. Permitir que seu marido seja irresponsável por trinta anos é um desserviço para ele e para seus filhos. Um marido que tem uma esposa amorosa e solidária, que já tomou as atitudes sugeridas neste capítulo, e ele percebe que corre o risco de perdê-la, pode ficar altamente motivado a mudar seu modo de pensar e seu comportamento. O confronto dela gerou uma crise à qual ele deve responder. Muitos maridos olharam para trás, no caso de uma crise assim, e ficaram gratos porque suas esposas tiveram a coragem de amá-los o suficiente para forçá-los a tomar uma atitude construtiva. O confronto pode de fato ser um potente ato de amor.

Mesmo quando confronta, a esposa não pode fazer seu marido mudar. A mudança é uma escolha que somente o indivíduo pode fazer. Mas, como o casamento é um relacionamento tão íntimo, o comportamento da esposa pode influenciar muito o marido. Acredito que as sugestões que fiz neste capítulo têm o potencial de encorajar muitos maridos a desenvolverem habilidades positivas, a fim de se tornarem maridos e pais amorosos. Em seus esforços para ser uma influência positiva para seu marido, lembre-se de que o objetivo não é a perfeição; o objetivo é o crescimento. Sinta-se encorajada quando seu marido der passos positivos, e lembre-se, o crescimento leva tempo. Ele pode não ser tudo o que você deseja, mas se estiver crescendo, o potencial é ilimitado.

Epílogo

Ficará evidente para todos que este não é um livro para ser lido. É um livro para ser vivenciado. Eu lhe falei sobre o que acredito serem as cinco características de uma família verdadeiramente saudável. Ao fazer isso, convidei você para adentrar meu lar. Você não dormiu no porão, como o John, nosso antropólogo residente, mas espero que tenha captado algo do que se passou em nossa família ao longo dos anos.

Não escrevi este livro como um etnógrafo, um cientista imparcial que descreve as cinco características de uma família amorosa. Antes, escrevi com a paixão de alguém que se preocupa profundamente com o bem-estar de uma geração emergente. Nos últimos 45 anos, trabalhei com pessoas de perto o bastante para saber que os princípios explicados neste livro são essenciais para gerar uma família saudável. Um número crescente de jovens nunca viu uma demonstração do que é uma família amorosa e, consequentemente, tem pouca ideia de por onde começar. Desejo que este livro sirva como ponto de partida. Para os jovens casais que desejam sinceramente construir uma família amorosa, espero que este livro sirva não apenas para lhes dar um paradigma de princípios, mas também como um livro de exercícios com instruções práticas sobre como desenvolver essas características dentro de sua própria família.

As cinco características que descrevi são tão antigas quanto a própria humanidade. Elas guiaram famílias de muitas culturas, ao longo de milhares de anos, mas correm um sério risco de se perderem nos dias de hoje, em uma era na qual perdemos o consenso da sociedade sobre a importância da unidade familiar.

Estou plenamente ciente de que, para aqueles que cresceram em famílias disfuncionais e agora estão tentando construir a própria família, as ideias que discuti neste livro podem ser avassaladoras. É por isso que enfatizei anteriormente que este é um livro para ser vivenciado, não um livro para ser lido. É meu desejo que, após uma leitura rápida, os casais voltem às seções em que têm maior necessidade de crescimento e usem as sugestões práticas para desenvolver essas características em sua própria família. É um livro que espero que vocês revisitem com frequência, quando tiverem a sensação de que algo está faltando em seus relacionamentos familiares. Também é meu desejo que conselheiros, educadores e outros profissionais que se dedicam a cuidar de pessoas possam usar este livro como uma ferramenta para estimular a discussão e a ação em relação ao casamento e a questões familiares.

Quando John veio observar nossa família, há tantos anos, eu não tinha ideia do impacto que isso teria na vida dele ou na nossa. Quando perguntei a ele, anos depois: "Qual é a sua avaliação geral do valor daquele ano que você passou conosco?", sua resposta foi toda a recompensa que eu poderia desejar. Aqui está parte do que ele disse:

> Naquela época e hoje, olhando em retrospectiva, eu realmente gostei [da experiência]. Foi um lugar muito afirmativo para mim. Um ambiente seguro, estável, em um momento da minha vida em que minha própria casa não era nada disso. Na minha infância, não havia boa comunicação em minha casa, nem entre meus pais, nem entre qualquer um deles e mim. Não havia

respeito mútuo. Havia disfuncionalidades praticamente em todas as áreas. Quando entrei na casa de vocês, comecei, pela primeira vez na vida, a ter um modelo para observar e ver como poderia ser...

Acho que isso foi de um valor inestimável para mim, pois, mais tarde, pude respeitar minha própria esposa, apreciá-la como pessoa e conseguir conversar sobre as dificuldades. Não sei o que teria feito se não tivesse morado com vocês, antes de me casar. Estremeço só de pensar. Isso me propiciou uma transição muito importante para minha vida como marido e, mais tarde, como pai.

Para encerrar, é meu desejo sincero que você encontre neste livro uma luz que o guie em direção a construir a família que sempre quis ter. É a multiplicação de famílias saudáveis que produz uma sociedade saudável, e são sociedades saudáveis e funcionais que criam um mundo de harmonia. O que acontece com a sua família faz toda diferença — não apenas para você e seus filhos, mas para os milhares de jovens observadores que estão em busca da família com que sempre sonharam.

Uma palavra de Shelley e Derek

"O LUGAR EM QUE CONHEÇO A DEUS"

Quando penso no impacto de crescer na família que tenho, duas ideias são recorrentes. Uma é que família é labuta, é trabalho. Não no sentido frio e comum de trabalho, de algo sem diversão, mas no sentido de que, para que funcione, todos devem trabalhar e investir no todo. A outra semente essencial que foi plantada em mim e que continua a dar bons frutos é o senso de que não há separação entre a vida espiritual e a vida familiar. Acho que a ideia é esta: a família é extensão e expressão da igreja. Minha vida espiritual, enquanto crescia, estava intimamente conectada à minha vida familiar. Essas foras as duas ideias que eu trouxe comigo e que me deram uma boa base para começar minha própria família.

O conceito de trabalho como motivação não é atraente para grande parte da minha geração. Mas a realidade é que casamento é trabalho e, de muitas maneiras, nos permite ter comunhão com o sofrimento de Cristo. Repito, não que tudo seja só trabalho, mas penso que, para que dê certo, a pessoa precisa entrar na vida em família pensando em *sacrifício e serviço*.

Casamento e família são concebidos para nos ajudar a conhecer e a amar a Deus ainda mais. Eu vi esse "casamento" entre a vida espiritual e a vida familiar enquanto crescia, de modo que não tive dificuldade para conciliá-las mais tarde.

Para mim, casamento e família são o lugar central em que encontro e conheço a Deus. Este é um conceito radical na sociedade contemporânea, a qual tende a separar Deus e família em duas categorias quase opostas. Por isso sou grato por ter crescido vendo tanto o lado do trabalho quanto o da espiritualidade que há em ser casado e construir uma família.

Derek Chapman

"O QUE A RESPIRAÇÃO É PARA O CORPO"

As experiências que tive na infância deixaram em mim um profundo respeito pela intimidade. Eu tinha plena consciência de que uma boa comunicação (ouvir e falar) era a única maneira de obter intimidade intelectual, emocional, social, física e espiritual. A comunicação saudável é para o casamento e a família o que a respiração é para o corpo: essencial. John e eu cultivamos nosso relacionamento por treze anos, antes de nos casarmos. (Nós dois estávamos na faculdade de medicina e concluindo o período de residência.) Mesmo assim, eu esperava que os primeiros anos do nosso casamento fossem difíceis. Por que mais minha casa, na infância, era sempre tão agitada com casais que vinham para fazer aconselhamento? (Essa comunicação íntima deve ser um trabalho ÁRDUO.) Fiquei surpresa ao descobrir que as habilidades de comunicação, que aprendi quando criança e usei durante o namoro, levaram a dias repletos de intimidade com meu cônjuge.

Nossos filhos agora desfrutam de tempo individual com cada um de nós, no fim do dia, quando lemos histórias para eles, conversamos sobre os acontecimentos do dia e oramos. Nosso desejo é que eles aprendam a se comunicar intimamente dentro da família e que isso abra a vida deles para relacionamentos saudáveis. Reflito com frequência sobre as horas que passei com meus pais, no final de cada dia, e como isso me preparou para um casamento e uma família saudáveis. Por isso sou profundamente grata.

Dra. Shelley Chapman McGuirt

Agradecimentos

A palavra *família* subentende marido, esposa e filhos. Para nós, família significa Gary, Karolyn, Shelley e Derek. Nossa família extensa inclui o genro John, a nora Amy e os netos Davy Grace e Elliott Isaac. Na medida em que este livro expõe, até certo ponto, nossa família em seus anos de formação, quero expressar minha sincera gratidão à minha família, por me permitir contar um pouco da nossa jornada.

Sou especialmente grato pelo papel que Derek desempenhou lendo o manuscrito e fazendo sugestões perspicazes, bem como por sua forma criativa de expressar lembranças e emoções nos poemas que aparecem ao longo do livro.

Meus mais genuínos agradecimentos vão para John Nesbitt, nosso antropólogo residente. Ele foi generoso o bastante para me conceder um tempo considerável para refletir sobre o ano que ele passou com nossa família, muitos anos atrás.

Sou profundamente grato a Tricia Kube, que foi minha assistente administrativa por quinze anos, por ter digitado o manuscrito e feito muitas sugestões úteis; também agradeço a Betsey Newenhuyse e Avrie Roberts, da Moody Publishers, por me ajudarem com sua expertise editorial.

Por último, mas certamente não menos importante, quero expressar meu apreço às dezenas de pessoas cujas histórias aparecem nestas páginas. É evidente que os nomes e os lugares foram alterados para proteger sua privacidade, mas a disposição em compartilhar sua dor e sua alegria comigo foi o que manteve este livro arraigado na vida real.

Notas

[1] Edith Schaeffer, *What Is a Family?* (Grand Rapids: Revell, 1975), p. 211.

[2] William J. Bennett, *The Book of Virtues* (Nova York: Simon & Schuster, 1993).

[3] Philip Yancey, "Humility's Many Faces," *Christianity Today*, 4 de dezembro de 2000, <https://www.christianitytoday.com/2000/12/humilitys-many-faces/>.

[4] Bobbie Gee, "A Legacy of Love", in *Chicken Soup for the Soul*, org. Jack Canfield e Mark Victor Hansen (Deerfield Beach, FL: Health Communications, 1993), p. 117-18.

[5] Ross Campbell, *How to Really Love Your Child* (Wheaton, IL: Victor Books, 1980).

[6] Para uma explicação mais completa do conceito de linguagem do amor e como ele se relaciona ao casamento e aos filhos, veja Gary Chapman, *As 5 linguagens do amor: Como expressar um compromisso de amor a seu cônjuge*, 3ª edição (São Paulo: Mundo Cristão, 2013), e *As 5 linguagens do amor das crianças: Como expressar um compromisso de amor a seu filho* (São Paulo: Mundo Cristão, 2017).

[7] Karl Menninger, citado em Herbert V. Prochnow e Herbert V. Prochnow Jr., *5100 Quotations for Speakers and Writers* (Grand Rapids: Baker Books, 1992), p. 380.

[8] Wayne E. Warner, *1,000 Stories and Quotations of Famous People* (Grand Rapids: Baker Books, 1975), p. 64.

[9] Stephanie Kramer, "US Has World's Highest Rate of Children Living in Single-Parent Households," Pew Research, 12 de dezembro de 2019, <https://www.pewresearch.org/fact-tank/2019/12/12/

u-s-children-morelikely-than-children-in-other-countries-to-live-with-just-one-parent/>.

[10] Robert Bly, "The Hunger for the King in a Time with No Father", in *Fathers: Sons and Daughters*, org. Charles S. Scull (Los Angeles: Jeremy P. Tarcher, 1992), p. 60.

[11] James L. Schaller, *The Search for Lost Fathering* (Grand Rapids: Revell, 1995), p. 16.

[12] William F. Hodges, *Interventions for Children of Divorce: Custody, Access, and Psychotherapy* (Noba York: Wiley, 1991), p. 1.

[13] Willard F. Harley Jr., *His Needs, Her Needs: Building an Affair-Proof Marriage* (Grand Rapids: Revell, 1986).

Sobre o autor

Desde a década de 1970, o dr. Gary Chapman, autor de mais de 30 livros, incluindo o celebrado *As 5 linguagens do amor*, vem investindo no estudo de como potencializar a alegria, a satisfação e a compreensão quando se trata de relacionamentos humanos. Possui mestrado e doutorado em antropologia. Casado com Karolyn, tem dois filhos e três netos.

Compartilhe suas impressões de leitura,
mencionando o título da obra, pelo e-mail
opiniao-do-leitor@mundocristao.com.br
ou por nossas redes sociais

Esta obra foi composta com tipografia Adobe Caslon Pro e Europa
e impressa em papel Pólen Natural 70 g/m² na Eskenazi